Sigmund Gottlieb

Stoppt den Judenhass!

Sigmund Gottlieb

Stoppt den Judenhass!

HIRZEL

Bibliografische Information der Deutschen Nationalbibliothek
Die Deutsche Nationalbibliothek verzeichnet diese Publikation in der Deutschen Nationalbibliografie; detaillierte bibliografische Daten sind im Internet unter https://portal.dnb.de abrufbar.

Der Autor und der Verlag bedanken sich beim beim Suhrkamp Verlag für die freundliche Erlaubnis zum Abdruck des Steiner-Zitates *aus George Steiner, In Blaubarts Burg, Anmerkungen zur Neudefinition der Kultur, Suhrkamp, 2014.*

ISBN 978-3-7776-2843-1 (Print)
ISBN 978-3-7776-2871-4 (E-Book, EPUB)

© 1. Auflage 2020 S. Hirzel Verlag GmbH & Co.
Birkenwaldstraße 44, 70191 Stuttgart
Printed in Poland
Einbandgestaltung: semper smile, München
Lektorat: Sabine Zürn, Wasserburg (B)
Satz: abavo GmbH, Buchloe
Druck und Bindung: Drukarnia Dimograf, Bielsko-Biała

www.hirzel.de

Wir müssen in uns den Sinn für alle Schmach und Schande lebendig erhalten in so überwältigender Kraft, daß es jeden signifikanten Aspekt unserer historischen und gesellschaftlichen Position beeinflußt. Wir müssen (...) beständig leben mit zutiefst erschrockener Seele.

George Steiner, In Blaubarts Burg

Für Nagia

Inhaltsverzeichnis

VORWORT

»Die Würde des Menschen ist unantastbar. Sie zu achten und zu schützen ist Verpflichtung aller staatlichen Gewalt.« Artikel 1 des Grundgesetzes gilt längst nicht mehr für alle, die in unserem Land leben.

Jeder Mensch in Deutschland müsse in Sicherheit und Frieden leben können, sagt der Bundespräsident. Das ist jedoch nicht mehr der Fall. Hass und Hetze gegen Minderheiten nehmen von Jahr zu Jahr zu. Antisemiten und Rassisten treiben in Deutschland ihr Unwesen. Rechtsterroristen schrecken vor Mord nicht mehr zurück. Sie sind zur größten Bedrohung seit 1945 geworden. Sie treffen auf einen Staat, der nur bedingt abwehrbereit ist. Juden, Syrer, Afghanen, Türken, Kurden, Menschen anderer Hautfarbe – sie alle haben Angst in Deutschland.

Jüdische Familien kamen vor Jahrzehnten zurück ins Land der NS-Massenmörder. Sie kamen voller Vertrauen und dachten, sie seien sicher. Sie haben sich getäuscht. Heute sind sie ihres Lebens nicht mehr sicher. Ihre Synagogen sind genauso Ziel rechter Terroristen wie die Moscheen der Muslime.

Dieses Buch widmet sich der besonderen Bedrohung der Juden in der Bundesrepublik. Sie stehen für alle Frauen, Männer und Kinder von Minderheiten in Deutschland – gleich welcher Herkunft, welcher Hautfarbe, welcher Religion. Sie alle sind im Begriff, das Vertrauen in das Land, in dem sie leben, zu verlieren. Die AfD trägt das Ihre dazu bei. So kommt es, dass die Ängste der Juden auch die Ängste der anderen, und die Fragen der einen auch die Fragen der anderen sind: Merkt ihr denn gar nichts? Nichts von den Rechtsextremisten, die uns umbringen wollen? Schaut ihr nicht ins Internet, wo sie zum Mord gegen uns aufrufen? Was tut ihr eigentlich gegen die AfD? Wie lange wollt ihr eure Augen noch vor der Bedrohung verschließen? Warum schützt ihr uns nicht besser?

Als Protestant, der weiß, dass Martin Luther ein Judenhasser war, ergreife ich Partei für die jüdische Minderheit in Deutschland, die für alle Verfolgten in diesem Land steht. Als bekennender Zionist ergreife ich Partei für Israel, ein Land, das ich nicht unbefangen betrachten kann, das ich aber kritisiere, wenn es mir angemessen erscheint. Das Schicksal der Juden und Israels hat mich seit einem Aufenthalt in einem Sommercamp am Strand von Haifa vor knapp einem halben Jahrhundert nicht mehr losgelassen. Damals machte ich als 19-Jähriger die Bekanntschaft eines polnischen Juden. Seine milden Gesichtszüge und seine gütigen Augen sehe ich noch vor mir. Auch erinnere ich mich noch genau an manchen Abend, wenn wir nach dem Essen zusammensaßen und sein Blick von einem Augenblick auf den anderen wie abwesend über das Meer in die Ferne schweifte. Ich musste nicht fragen – ich wusste, warum. Auf seinem linken Unterarm hatte ich die Nummer gesehen, die sie ihm im Vernichtungslager Auschwitz-Birkenau eingebrannt hatten. Er gehörte zu den wenigen, die der Hölle entkommen waren.

Ich bin kein Alarmist, aber ich bin alarmiert. Wir können nicht mehr warten. Wir können nicht mehr warten, bis es zu spät ist. Oft ist es schon zu spät – und wir haben es nicht gemerkt. Juden und andere Minderheiten sind Teil von uns. Sie gehören zu uns. Sie brauchen unseren Schutz.

Schauen wir nicht weiter weg! Schauen wir endlich hin! Legen wir unsere verdammte Gleichgültigkeit ab! Tun wir etwas! Jetzt!

EINLEITUNG

Der Hass war immer da. Er hatte sich nur verkrochen. Jetzt zeigt er sich wieder offen und hemmungsloser denn je. Jeder Fünfte – oder jeder Vierte? – ein Antisemit oder Sympathisant. Es war nie wirklich anders in der deutschen Nachkriegsgeschichte – nur nicht so heftig und nicht so schamlos. Mir scheint, diese Krankheit liegt in den Genen unseres Landes. Eine Heilung blieb ohne Erfolg: Der braune Sumpf wurde nie trockengelegt. Das Gegenteil ist zu beklagen. Der Antisemitismus ist auf dem Vormarsch – massiv, brutal, beängstigend in Wort und Tat, denen täglich neue abscheuliche Worte und Taten folgen. Das Jagdfieber steigt.

Der Terrorakt vom 9. Oktober 2019 in Halle hat das Land aufgeschreckt. Wie immer nur für kurze Zeit. Beunruhigung und Angst der deutschen Juden wachsen. Müssen wir denn selber für unsere Sicherheit sorgen?, fragen sie. Ist das nicht Sache des Staates, in dem wir leben und in den wir, unsere Eltern und Großeltern aus den Konzentrationslagern zurückgekehrt sind?

Sie sagen mir, dass sie zwar noch nicht wieder auf gepackten Koffern sitzen, um das Land zu verlassen. Sie sagen, dass sie noch nicht so weit seien wie ihre Freunde in Frankreich, von denen immer mehr dem Land den Rücken kehren. Sie sagen aber auch, dass ihr Blick jetzt wieder öfter jene Koffer streife, die ausgepackt in der Ecke stehen. Und dann sprechen sie voll innerer Zerrissenheit über die nächste und übernächste Generation, über ihre Kinder und Enkel, und sie wüssten nicht, was sie ihnen raten sollten – bleiben oder gehen. Immer mehr fragen sich, ob sie die Vorzeichen richtig lesen würden. Wenn ja, dann müssten sie gehen.

Juden und alle anderen Minderheiten in Deutschland haben Grund, alarmiert zu sein. Und wir mit ihnen. Der Antisemitismus sei in der Mitte der Gesellschaft angekommen, heißt es. Das ist Unsinn, denn dort befand er sich schon immer. Jetzt ist er nur selbstverständlicher, lauter und auch gefährlicher geworden. Die neuen Antisemiten haben sich längst breitgemacht in den weichen Fauteuils bürgerlicher Salons. Oder in den Regierungszentralen europäischer Hauptstädte. Oder in den Redaktionsbüros renommierter Magazine oder Fernsehsender. Dort kritisieren sie Israel, und in Wahrheit meinen sie die Juden.

»Jude« ist auf vielen Schulhöfen wieder ein Schimpfwort geworden. In bestimmten Problemvierteln Berlins trägt man die Kippa nicht mehr, um nicht als Jude erkannt und angegriffen zu werden. Den Worten der Gewalt im Netz folgen die Taten der Gewalt auf der Straße. Minderheiten müssen in diesem Land wieder um ihr Leben fürchten. Die roten Linien haben sich längst verschoben. In den sozialen Netzwerken, die mehr und mehr zu einer »Kloake menschlicher Abgründe« verkommen sind, wie das der ZEIT-Chefredakteur Giovanni di Lorenzo treffend formuliert hat, toben sich die Antisemiten aus, ohne dass jemand ernsthaft etwas dagegen unternimmt. Hier tummeln und vernetzen sich mehr denn je die kranken Hirne der Rechtsextremen, der Neonazis, die zu allem entschlossen sind – auch zu Mordanschlägen. Halle und Hanau sollten uns endgültig die Augen geöffnet haben. Es besteht kein Zweifel: Die Bedrohung von rechts stellt zurzeit die größte Gefahr dar für Juden und andere Minderheiten in Deutschland, in Europa und auf der ganzen Welt.

Dies ist nicht die einzige Bedrohung. Wer sich als Jude zu erkennen gibt (ja, als was denn sonst?), muss heute auch damit rechnen, von Tätern mit arabischem Hintergrund angegriffen zu werden. Jugendliche mit erlerntem Antisemitismus sind seit 2015 verstärkt nach Deutschland eingereist. Für ihre »Glaubensfeinde« sind sie eine reale Gefahr. Dies totzuschweigen wäre genauso verantwortungslos, wie nicht mit aller Deutlichkeit darauf aufmerksam zu machen, dass eine wachsende Zahl von Migranten hierzulande zur Zielscheibe von Ausländerhass geworden ist.

Da »braut sich nichts mehr zusammen«. Die Gefahr gehört längst zum deutschen Alltag und hat bedrohliche Ausmaße angenommen. Und wir? Wir nehmen es nicht wahr oder wollen es nicht wahrnehmen. Immer öfter frage ich mich voller Zorn: Warum sind wir nur so apathisch? Warum erkennen wir die Zeichen nicht?

Ihr müsst doch für uns sprechen, sagen unsere jüdischen Mitbürgerinnen und Mitbürger. Der Staat, in dem wir leben, muss uns schützen, sagen sie. Doch der Staat versagt und die Menschen darin schweigen. Sie sind ausschließlich mit sich selbst beschäftigt. Besitzstandswahrung heißt das Gebot der Stunde. Gesellschaftsversagen nennt man das. Die schweigende Mehrheit macht ihrem Namen alle Ehre. Warum sagen wir nichts? Warum stehen wir nicht auf? Warum stehen wir persönlich unseren jüdischen Nachbarn nicht bei, bevor noch mehr passiert?

Es sind nicht nur wir alle, besser gesagt, die meisten von uns, die versagen. Es sind Politikerinnen und Politiker, die für das Staatsversagen stehen, und es sind Staatsanwälte und Richter, die für das Justizversagen stehen. Sie alle haben anscheinend noch nicht begriffen, was auf dem Spiel steht – und dass wir eine andere und noch nicht bewältigte Vergangenheit haben, mehr als jedes andere Land auf der Welt.

Es erfüllt mich mit dem gleichen Zorn, wenn ich nach jedem Anschlag die »Nie Wieder«-Phrasen unserer Politikerinnen und Politiker höre. Die irgendwie hilflos erscheinenden Worte der Trauer, Wut und Betroffenheit sind einfach nur Pflichtübung – besser als nichts, aber eben viel zu wenig, um grundlegend etwas zu verändern. Antisemitismus und Rassismus bekämpft man nicht, indem man Millionen gut gemeinter Worte bei nächster Gelegenheit noch ein paar Satzbausteine hinzufügt. Antisemitismus bekämpft man nicht durch Worte, sondern durch Taten. Handeln und entscheiden statt reden und vertagen.

Ein Anfang ist immerhin gemacht. Das Bewusstsein für die Gefahr schärft sich. Der gute Wille ist wenigstens da: sein Name – Antisemitismusbeauftragte(r). Sie gibt es in der Bundesregierung, in vierzehn Bundesländern, bei den Generalstaatsanwaltschaften, bei der Polizei, bei der evangelischen Kirche. Es sind Zeichen. Charlotte Knobloch, die Präsidentin der Israelitischen Kultusgemeinde München und Oberbayern, hat immer wieder darauf hingewiesen, wie wichtig es sei, dass in allen Bundesländern Antisemitismusbeauftragte tätig würden. Warum ist das eigentlich nicht selbstverständlich?

Es ist genug!

Es ist schon zu viel passiert. Die Brandstifter bereiten ungehindert den Boden für Hass und Mord. Politiker der AfD müssen sich den Vorwurf gefallen lassen, dass sie dafür in erheblichem Maße mitverantwortlich sind. Ihre Worte lassen die Hemmschwellen für die Taten sinken – auch wenn sich die Wölfe gern den Schafspelz überwerfen. Während Sie diese Zeilen lesen, zeigt der Hass schon wieder sein hässliches Gesicht, offen oder versteckt, zigtausendfach im Alltag.

Und wir? Vielleicht weicht unsere Gleichgültigkeit tatsächlich einmal für ein paar Stunden einer kleinen Betroffenheit, ausgelebt in einer kärglich besetzten Lichterkette. Angesichts dieser bemerkenswerten Empathiearmut fällt mir Alberto Moravias Roman *Die Gleichgültigen* ein. Die ätzende Beschreibung einer nur mehr um sich selber kreisenden bürgerlichen Gesellschaft in Italien, die moralisch völlig am Ende ist, hat nichts an Aktualität verloren.

Die meisten von uns haben vergessen, dass der Holocaust eine besondere, eine einmalige Verpflichtung für uns Deutsche ist, Antisemitismus mit größter Entschlossenheit zu verfolgen. Auschwitz ist zum alles überlagernden Maßstab für Judenhass geworden. Allerdings treibt der Hass auf Juden sein Unwesen schon weit unterhalb der Schwelle zum NS-Massenmord. Er äußert sich mitten unter uns in Verhöhnung, Beleidigung, Bedrohung, Anschlägen, Mord.

Wie fahrlässig und blind ist da das schablonenhafte »Wehret den Anfängen!«. Der Anfang liegt längst hinter uns. Die Bedrohung weitet sich aus. Das Ende ist nicht abzusehen. Hass und Gewalt gegen Juden gehören zum Alltag in Deutschland.

Wollen wir wirklich zuschauen und zulassen, bis es Deutsche jüdischen Glaubens einfach nicht mehr aushalten und ihrem Land den Rücken kehren?

SIE SAGEN ISRAEL UND MEINEN DIE JUDEN

Wer Kritik am Staat Israel und seiner Regierung übt, kann sich weltweit starken Beifalls sicher sein. Israel-Bashing hat eine lange Tradition. Deutschland bildet da keine Ausnahme. Bitte, kein Missverständnis! Kritik an der Politik Israels ist selbstverständlich, ist erwünscht. Das gehört zum normalen Umgangston zwischen Staaten und Völkern. Das sollten wir auch unmissverständlich zu Protokoll geben, wenn wir dafür wiederum von Israel kritisiert werden.

Diese Unabhängigkeit war mir während meiner Zeit als Chefredakteur des Bayerischen Rundfunks immer sehr wichtig. Während vieler Redaktionsbesuche israelischer Botschafter, von Avi Primor bis Shimon Stein, habe ich daran nie einen Zweifel gelassen. Während solcher Begegnungen gewann ich fast immer den Eindruck, dass meine israelischen Gesprächspartner für sachliche Kritik gegenüber der Politik Israels durchaus Verständnis zeigten. Wichtig war ihnen jedoch, immer wieder auf das verzerrte Israelbild hinzuweisen, wie es ihrer Meinung nach in einer großen Mehrheit deutscher und europäischer Medien stereotypisch gezeichnet würde. Für diese Sichtweise und dieses Anliegen hatte und habe ich ein gewisses Verständnis.

Seither hat sich wenig bis gar nichts verändert. Das Trugbild von Israel wird noch immer mit den gleichen düsteren Farben angerührt wie damals. Israel, heißt es oft, mache mit den Palästinensern das, was die Nazis mit den Juden getan hätten. Israel sei in Wahrheit doch überhaupt nicht an einer dauerhaften Nahost-Lösung interessiert. Die Zerrbildner tun alles, um Israel als einen Apartheidstaat vorzuführen, als einen unmenschlichen Militärstaat, der in unangemessener Härte gegen die weit unterlegenen Palästinenser vorgehe. Israel, der »Vasall der Vereinigten Staaten« eben.

Kein politisches Symposium, kein gepflegter Abendempfang zwischen Berlin und München, zwischen Hamburg und Düsseldorf, wo ich nicht erlebe, wie Vertreterinnen und Vertreter dieser sogenannten Israelkritik das Feld der Diskussion beherrschen. Nicht wenige dieser vermeintlichen Experten reden sich dabei so unkontrolliert gegen Israel in Rage, dass sie nicht mehr wahrnehmen, wie sich die in ihren Augen berechtigte Kritik an der einzigen Demokratie des Nahen und Mittleren Ostens schon längst in lupenreinen Antisemitismus verwandelt hat. Fatal ist, dass sie es selber nicht wahrnehmen, wie sie zu Antisemiten werden. Diese Entwicklung stelle ich seit vielen Jahren fest. Es ist eine recht traurige Tatsache, dass ich einer von wenigen deutschen Journalisten war, die diesen »getarnten Antisemitismus« immer wieder sehr deutlich kritisiert haben.

So sagte ich am 12. Mai 2015 in den *ARD-Tagesthemen*: »*Leider müssen wir feststellen, dass wir in Deutschland einen wachsenden Antisemitismus erleben, zum Teil ganz offen, zum Teil versteckt hinter der Kritik an Israel. (Dies ist) zunehmend auch ein Phänomen der Intellektuellen. Gerade ihnen ist es zumutbar, zu verstehen und nachzuempfinden, was das Trauma israelischer Regierungen und der Menschen in Israel ist, bedrängt von Nachbarn, die ihre Existenz vernichten wollen. Das Trauma Israels heißt: wehrlos und schutzlos und wieder Opfer zu sein.*« Bereits am 30. Mai 2012 kommentierte ich an selber Stelle und sprach von der Bundesrepublik als einem Land, »*in dem reflexartige und oft unreflektierte Kritik an Israel in manchen Kreisen inzwischen zum guten Ton gehören.*«

Wer als überzeugter Antizionist nicht wahrhaben möchte, dass er längst zum Antisemiten geworden ist, dem empfehle ich mehr als nur einen Blick auf die Arbeit der Antisemitismus-Forscherin Monika Schwarz-Friesel von der Technischen Universität Berlin. Sie leitet das seit 2007 laufende Forschungsprojekt *Aktueller Antisemitismus in Deutschland. Sprachliche und konzeptionelle Charakteristika*. Die Wissenschaftlerin kommt zu dem Ergebnis, dass israelbezogener Antisemitismus nichts mit legitimer Kritik an der Politik Israels zu tun habe. Sie spricht von Strategien der Umdeutung:»*Linke oder gebildete Antisemiten etwa stehen nicht zu ihrem Juden-hass. Sie schreiben dann, ›ich habe nichts gegen die Juden, aber was Israel tut, erinnert mich an die NS-Zeit.‹*« Israel wird also zum Aggressor umgewid-met und die Palästinenser werden zum friedliebenden Volk gemacht.

Dies ist die vorherrschende Wahrnehmung Israels in einem Land, des-sen Kanzlerin im Jahr 2008 in der Knesset vor den Augen der Welt bestä-tigt hat, dass die Sicherheit Israels »*Teil der Staatsräson meines Landes ist und für mich als Bundeskanzlerin niemals verhandelbar ist*«. Was jedoch ist die Solidaritätsbekundung von Frau Merkel wert, wenn sich der »*älteste Hass der Welt*«, wie der niederländische Schriftsteller Leon de Winter sagt, weiter ungehindert als Antizionismus tarnen kann?

Noch einmal: Israel kann, darf und muss kritisiert werden – seine Regie-rungschefs, manch unangemessen erscheinende Militäraktion, die Sied-lungspolitik. Aber vergessen wir doch nicht, dass Israel eine Demokratie und ein Rechtsstaat ist, der seine Ministerpräsidenten vor Gericht stellt und verurteilt, wenn es notwendig ist. Terror durch Israelis, wie vor eini-gen Jahren bei der Messerattacke eines Ultraorthodoxen auf die Jerusale-mer Gay-Parade oder beim Brandanschlag fanatischer jüdischer Siedler auf das Haus einer Palästinenserfamilie, findet Nulltoleranz.

Zehntausende von Israelis gingen gegen diese Gewalttaten auf die Straße. Führende Politiker Israels haben damals in schärfster Form gesagt, was zu sagen war. Die Welt war Zeuge, wie die Demokratie Israel und die Menschen, die in ihr leben, damals reagierten. Sie setzten – für alle sicht-bar, die sehen wollten – Scham, Selbstkritik, Protest und Distanzierung gegen Hass und Diffamierungen aus dem eigenen Volk.

Wo aber bleibt der Protest der arabischen Welt gegen den islamistischen Terror? Ich stimme dem Schweizer Journalisten Frank A. Meyer in jedem Wort zu, wenn er sagt:»*Der jüdische Staat ist die Zivilisationsoase in der nahöstlichen Zivilisationswüste. Israels Nachbarn sind Despotien und Dikta-turen. Das Land, ein Drittel kleiner als die Schweiz, ist umbrandet von Gewalt und Massakern, von Krieg und Bürgerkrieg.*« Die einzige Ausnahme ist für mich Ägypten – trotz aller Probleme begrenzt berechenbar im bro-delnden Hexenkessel des Mittleren Ostens.

Für all diese Fakten sind die Vertreter einer obsessiv-antisemitischen Israelkritik blind. Dabei müssten sie wissen, dass seit dem 14. Mai 1948 kaum ein Tag vergangen ist, an dem Israel nicht im Ausnahmezustand lebt, an dem es sich nicht gegen seine feindlich gesonnenen Nachbarn zur Wehr setzen musste. Sie müssten wissen, dass das Land, seine Regierung und seine Menschen trotz dieser existenziellen Bedrohung niemals ihre Gründungswerte von Rechtsstaat und Demokratie aufgegeben haben. Es ist mir absolut unverständlich und – wie ich finde – nicht zu entschuldigen, wie man Israel gedanklich und argumentativ von Auschwitz trennen kann, nur um den Zionismus weiterhin bekämpfen zu können. Es ist längst überfällig, dass wir den Salon-Antisemiten ihre Projektionsfläche Israel argumentativ entreißen. Es ist einen entschlossenen Versuch wert.

Als Anregung sei Anetta Kahane empfohlen, die Vorsitzende der Amadeu Antonio Stiftung. Sie bringt das Problem sehr drastisch auf den Punkt, wenn sie sagt: »*Israel hat als Projektionsfläche längst den Status des verhassten Juden von einst eingenommen. Jeder einzelne der Mechanismen des Antisemitismus wurde inzwischen auf Israel ausgedehnt. Die Aggressivität, mit der über Israel gesprochen wird, ist von Antisemitismus erfüllt – denn er projiziert, ist von Schuldgefühlen und Verschwörungstheorien durchzogen, in denen Israel eine dämonische Macht zugeschrieben wird.*«

Deutschland im Jahre 2020: Nicht jeder, der Kritik an Israel übt, ist ein Antisemit. Doch viele, die Israel kritisieren, sind Antisemiten.

DIE GLEICHGÜLTIGEN

Wir Deutsche demonstrieren gern, viel und fast gegen alles. Es gäbe auch die Möglichkeit, gegen Antisemitismus auf die Straße zu gehen – oder für Israel oder gegen das Vergessen des Holocaust. Natürlich sind wir schnell bei vielen Gelegenheiten betroffen. Da vereinigen wir uns dann auch spontan zu Mahnwachen oder zu Lichterketten vor Synagogen. Denen, die sich dort versammeln, will ich nicht absprechen, dass es ihnen ernst ist und dass sie für ein paar Stunden wirklich erschüttert sind. Betroffenheit, nicht mehr, morgen schon vergessen.

Ein machtvoller, ein ernst zu nehmender Aufstand gegen Antisemiten und Rassisten sieht anders aus. Ich fürchte, es handelt sich um Wohlfühlveranstaltungen einiger weniger, die vor allem das eigene Ego der Versammelten bedienen. Von Empathie für eine bedrohte Minderheit wollen wir erst gar nicht sprechen. Es ist ziemlich kläglich, es ist entsetzlich wenig. Es ist entsetzlich wenig Interesse, es ist entsetzlich wenig Mitgefühl.

Wo bleibt der Aufschrei? Er ist nicht zu hören. Er ist zu leise, um wahrgenommen, zu unentschlossen, um ernst genommen zu werden. Oder gibt es ihn gar nicht? Sind wir unfähig zur Empathie, weil wir zuallererst mit uns selber beschäftigt sind: mit unseren Ängsten um die Zukunft, mit unserer Besitzstandswahrung, mit unserer Oberflächlichkeit, mit unserer Unterhaltungshörigkeit, mit unserem Nichtwissen, mit unserer Nichtwahrnehmungsfähigkeit?

In diesem Zusammenhang fällt mir ein Bild von George Steiner, einem der brillantesten Universalgelehrten unserer Zeit, ein. Er schreibt in seinem Buch *In Blaubarts Burg*: »*Nichts aus der unmittelbar benachbarten*

Welt von Dachau hat zu München den winterlichen Aufführungszyklus Beet-
hovenscher Kammermusik beeinträchtigt. Und kein Gemälde stürzte herab
von seiner Museumswand, als da vorüberschritten kulturbeflißnen Schlen-
dergangs und den Katalog in Händen, die Schlächter.«
Und heute, 75 Jahre später? Judenhass ist Alltag. Ausländerhass ist Alltag. Die Bilder gleichen sich nicht, aber sie sind vergleichbar. In Anlehnung
an das Zitat Steiners lässt sich beobachten, dass im Deutschland des
21. Jahrhunderts der grassierende Rassismus von der verbalen bis zur phy-
sischen Verletzung und zum Mord offenbar niemanden stört, niemanden
bewegt, niemanden aus seiner Lethargie reißt, niemanden aufweckt.
Nichts geschieht. Sprachlose Solidarität danach ersetzt nicht aktives
Bürgerengagement.

Was ist los mit uns? Warum tun wir nichts? Warum schauen wir weg, wo
wir solidarisch sein, wo wir uns bekennen müssten? Was sagt uns noch der
Satz von Franz Kafka, wonach jeder Schlag gegen einen Juden ein Schlag
gegen den Menschen sei? Wie oft und wie groß muss noch »Judensau« an
die Wand geschmiert werden, wie oft müssen jüdische Gräber geschändet
werden, wie oft Juden auf offener Straße angegriffen werden, bis wir auf-
wachen, bis ein Ruck durch unsere Gesellschaft geht?

Dabei sind wir doch ein Volk, das in beeindruckender Regelmäßigkeit
eine ausgeprägte Spendenbereitschaft unter Beweis stellt und beim Ehren-
amt beachtlichen Einsatz für die Gemeinschaft zeigt. Dies sind Beispiele
außerordentlichen Engagements für andere. Sie stehen in krassem Wider-
spruch zu unserem Verhalten, wenn es um den neuen alten Hass auf Juden
in unserem Land geht. Nehmen wir nur mehr wahr, was uns persönlich
betrifft, und alles andere geht an uns vorbei? Dabei ist diese bis weit in das
bürgerliche Lager hinein verbreitete Gleichgültigkeit so ziemlich das
schlimmste Gift, das man sich vorstellen kann, denn es hat auch den Holocaust erst möglich gemacht.

Unsere Nichtwahrnehmungsfähigkeit habe ich als eine Ausdrucksform
des Empathie-Mangels bezeichnet. George Steiner wählt in seinem Buch *In*
Blaubarts Burg für dieses Phänomen einen gedanklichen Ansatz, der zwar
nicht alles erklärt, aber immerhin zum Nachdenken anregt: »*Unsere Wahr-*
nehmungsschwelle ist in erschreckendem Maße gesunken. Als die ersten
geschmuggelten Nachrichten aus Polens Todeslagern uns erreichten, stießen

sie weit und breit auf nichts als Unglauben. So etwas KONNTE sich nicht ereignen im zivilisierten Europa, mitten im zwanzigsten Jahrhundert! Heute hingegen ist es schwierig, eine Bestialität, aberwitzige Unterdrückung oder plötzliche Verwüstung sich vorzustellen, die NICHT glaubhaft, NICHT über Nacht in den Bereich unserer Fakten einzuordnen wäre. In moralischer wie psychologischer Hinsicht ist es freilich ein furchtbarer Zustand, durch nichts mehr überrascht werden zu können.«

Die Schwelle unserer Wahrnehmungsfähigkeit zwischen damals und heute ist jedoch auch in anderer Hinsicht auf alarmierende Weise gesunken. Immer weniger Deutsche sind sich heute noch der Einmaligkeit, der Bestialität und der Monstrosität der NS-Tötungsmaschinerie bewusst. Es sind jene, die an einer weiteren Krankheit unserer Zeit leiden: der Geschichtsvergessenheit. Immer weniger Deutsche, gerade die der jungen Generation, wissen Bescheid über die Gräuel der Nazizeit. Gleichzeitig wächst die Zahl der Menschen, die nicht mehr über die Vernichtung der Juden durch deutsche Hand sprechen wollen, die nicht mehr daran erinnert werden wollen, die verdrängen, was war, die leugnen, was war. Die »Es reicht«-Fraktion wird immer größer, und von da aus ist es nicht mehr weit zu den Holocaustleugnern. Dieser katastrophale Wissensnotstand sei allen ins Gedächtnis gerufen, die in diesem Land Verantwortung tragen.

Daher bin ich fest davon überzeugt, dass es nicht nur den Antisemitismus der Rechten, der Linken, der Antizionisten und der Muslime gibt. Nein, genauso gibt es den Antisemitismus einer wachsenden Mehrheit der Gleichgültigen, die geschehen lassen, was geschieht. Denen die Bedrohten in ihrer Mitte gleichgültig sind, denen es jedoch nicht gleichgültig ist, wenn sie die Kontrolle über ihren Wohlstand zu verlieren glauben. Die Gleichgültigen bieten keinen Schutz, die Gleichgültigen sind ohne Mitgefühl.

Wo bleibt der Aufschrei? Wo bleibt der Aufschrei der Empörten und der Anständigen? Wo sind »Deutsche gegen Antisemitismus«? Wo sind die, die sonst tausendfach für und gegen alles auf die Straße gehen, gern auch gegen Israel?

JUDENHASS IN EUROPA

Antisemitismus ist zuallererst ein deutsches Phänomen, weil er in der Dimension seiner Bestialität während des Dritten Reichs zunächst uns angeht. Antisemitismus kennt jedoch keine Grenzen und treibt sein Unwesen auch in Europa und auf der ganzen Welt.

Eine Reihe von Studien ist alarmierend und in der Öffentlichkeit kaum bekannt. Demnach ist Judenhass in ganz Europa auf dem Vormarsch. Man muss sich das einmal vorstellen: Vier von zehn Juden erleben wegen ihres Glaubens Beleidigungen, Anfeindungen, Angriffe. Die Diagnose lässt keinen Zweifel daran, dass jüdisches Leben 75 Jahre nach dem Holocaust wieder massiv bedroht ist. 90 Prozent der Juden in Europa beklagen heute wachsenden Antisemitismus. Für sie ist der Hass, der ihnen entgegenschlägt, nicht mehr die Ausnahme, sondern Alltag. Dabei ist die Statistik noch nicht einmal vollständig, weil in einer Reihe von EU-Staaten keine Erhebungen antisemitischer Übergriffe vorliegen. Unter jenen, die Zahlen vorlegen können, gibt es kein einziges Land in Europa, in dem man sagen könnte: Hier bei uns ist es ja nicht so schlimm. Nein, jeder Staat, jede Regierung muss sich fragen lassen, warum der Antisemitismus gerade bei ihnen so stark geworden ist und warum er die Gesellschaften Europas immer mehr durchdringt.

Ganz gleich, ob Deutschland, Frankreich, England, Ungarn oder die Schweiz: Bürgerinnen und Bürger jüdischen Glaubens haben das Gefühl, dass sie nicht mehr sorglos und angstfrei als Juden in ihrem eigenen Land leben können.

Im Jahr 2018 hielten 43 Prozent der Deutschen und 65 Prozent der Franzosen in einer Befragung der Agentur der Europäischen Union für Grundrechte antijüdische Übergriffe für ein »sehr großes Problem«. Die Grundrechte-Agentur veröffentlichte eine Umfrage, wonach 80 Prozent der Vorfälle Sicherheitsbehörden oder anderen Organisationen gar nicht erst gemeldet wurden. Als Grund geben die Betroffenen an, durch eine Anzeige würde sich ja ohnehin nichts ändern. Keine Frage: Die Bedrohung in Europa ist längst nicht mehr nur das Problem der Juden, sondern auch das Problem von Ausländern und von Flüchtlingen. Genauso wie in Deutschland gibt es in ganz Europa einen Zusammenhang zwischen immer rücksichtsloser auftretenden Rechtsextremisten, dem Antisemitismus und dem Rassismus.

Werfen wir einen Blick nach Frankreich, dem Land mit der größten jüdischen Gemeinde in Europa und der mit 500 000 Menschen nach Israel und den USA drittgrößten jüdischen Bevölkerungsgruppe in der Welt. Der Antisemitismus ist dort noch weiter verbreitet als in Deutschland. Der Anstieg judenfeindlicher Aktivitäten ist vergleichbar. Sie reichen von Beleidigung und Propaganda über Grabschändungen bis zu gewalttätigen Angriffen – jeden Tag, heimlich oder offen.

Auch im Hass auf die Juden ist Europa längst ohne Grenzen. »Judenhure«, »Judensau«, »dreckiger Jude«, »Verrecke!«, »Wir kriegen dich!«, »Schmutzrasse« – das Wörterbuch des Antisemitismus ist vielsprachig und in Frankreich ähnlich ekelerregend wie in Deutschland oder in anderen Ländern Europas. Frankreichs Staatspräsident ist ein »Rothschild-Sklave« und ein »Judenschwein«.

Der Antisemitismus taucht auch in Frankreich dort auf, wo man ihn nicht vermutet. So wurde der französische Philosoph Alain Finkielkraut am Rande einer Demonstration von Gelbwesten bedroht, angefeindet, beleidigt. Er habe die Gewalt eines Pogroms gespürt, sagte er danach sichtlich betroffen. Man hatte den Philosophen unter anderem als »dreckigen Zionisten« beschimpft.

Die Bedrohung nimmt zu, die Gefahr wächst. Viele jüdische Familien sind bereits nach Israel ausgewandert, andere sitzen auf gepackten Koffern. Juden in Frankreich sind verunsichert und nervös. Das politische Wochenmagazin Le Point entdeckt »das neue, modrige Frankreich«. Staatspräsident

Emmanuel Macron hat die Gefahr längst erkannt, die die Antisemiten für die jüdische Bevölkerung, für die Grande Nation und für Europa, ja für die ganze Welt bedeuten. Er sagt, die Demokratien der westlichen Welt seien Zeuge eines Wiederauflebens des Antisemitismus, »*wie wir es seit dem Zweiten Weltkrieg nicht mehr erlebt haben*«. Sehr erhellend ist eine Recherche der französischen Tageszeitung *Le Monde*, wonach Antisemitismus in der französischen Gesellschaft – von der Beleidigung bis zur Gewalttat – schon sehr weit fortgeschritten und am rechten wie am linken Rand zu finden sei.

Eine besondere Bedrohung geht in den vergangenen Jahren von vorwiegend männlichen muslimischen Tätern aus. Diese Tatsache auch deutlich zu benennen, fällt französischen Politikern – genauso wie ihren Kolleginnen und Kollegen in Deutschland – noch immer schwer. Dabei kann ihnen nicht entgangen sein, dass Tausende von Juden innerhalb Frankreichs aus bestimmten Wohnvierteln weggezogen sind, weil sie Tag für Tag den Aggressionen perspektivloser und daher frustrierter arabischstämmiger Jugendlicher ausgesetzt waren. Inzwischen müssen Juden in Frankreich sogar um ihr Leben fürchten, wie die Morde an der 85-jährigen Holocaustüberlebenden Mireille Knoll sowie an der 66-jährigen Pariser Ärztin Sarah Halimi durch antisemitische Verbrecher auf bedrückende Weise zeigen. In beiden Fällen waren die Opfer vor den Taten bedroht worden. Die Hinweise wurden von den Behörden nicht ernst genommen.

Elisabeth Badinter, Professorin für Philosophie an der berühmten Pariser Ecole polytechnique, erhob angesichts der Ermordung von Mireille Knoll ihre Stimme, die in Frankreich von enormem Einfluss ist. Mit selten gehörter Klarheit kritisierte sie, dass eine offene Diskussion über den in den Vororten der Städte herrschenden islamischen Antisemitismus aus falscher politischer Korrektheit unterdrückt werde. Daraus zieht sie den Schluss: »*Die Täter waren keine Rechten, sondern Muslime. Die Linke sah also keine Notwendigkeit, dagegen zu protestieren.*«

Blicken wir auf die zweitgrößte jüdische Gemeinde in Europa, blicken wir nach Großbritannien. In den ersten sechs Monaten des Jahres 2019 war auch dort ein gefährlicher Anstieg antisemitischer Vorfälle zu beobachten. Wir sprechen in dieser Zeitspanne von rund 900 Übergriffen in Wort und Tat. Dies bedeutet einen Anstieg von jeweils zehn Prozent in drei Jahren in

Folge. Diese Entwicklung hat dazu geführt, dass viele Juden ihr Land bereits in Richtung Israel verlassen haben oder darüber nachdenken, dies zu tun. Was dem Antisemitismus in Großbritannien jedoch eine so unfassbare Dimension verliehen hat, ist seine Verankerung, ja seine explizite Unterstützung in einem Teil des demokratischen Systems.

Der Antisemitismus hat einen Namen: Jeremy Corbyn, Chef der Labour-Partei von 2015 bis Anfang 2020. Nicht nur Juden geben ihm eine Mitschuld an dem neuen Hass im Land. Die Vorwürfe gegen ihn wiegen schwer. Ich meine, deutsche Medien hätten sich dieses Themas durchaus noch mehr annehmen können. Ganz anders naturgemäß die Berichterstattung auf der Insel. Das hatten die Briten noch nicht erlebt: Drei jüdische Zeitungen, die sich in normalen Zeiten als harte Konkurrenten spinnefeind sind, veröffentlichten vor der Wahl im Dezember 2019 einen gleichlautenden Kommentar, in dem sie vor Corbyn als künftigem Regierungschef warnten: »*Es ist eine reale Gefahr, dass ein Mann, der blind für die Ängste der Juden ist und nicht versteht, dass hasserfüllte Rhetorik gegen Israel leicht in Antisemitismus münden kann, unser nächster Premierminister wird.*«

Was ist der Hintergrund? Corbyn hat vor und während seiner Zeit als Parteichef die Nähe zum Antisemitismus nicht vermieden, sondern gesucht. Er hat Disziplinarverfahren gegen Antisemiten in seiner Partei nicht vorangetrieben, sondern behindert. Er hat verharmlost, er hat nicht gehandelt, sondern vertuscht. Er hat die israelfeindlichen Milizen von Hamas und Hisbollah, ausgewiesene Terroristen, als Freunde bezeichnet, was er anschließend bedauert hat. Der Mann war Mitglied einer Facebook-Gruppe, die sich in einer Flut antisemitischer Kommentare austobte. Das sei ihm nie wirklich bewusst gewesen, wiegelte er hinterher ab. Die antisemitischen Kräfte mussten schon beängstigend stark gewesen sein, wenn immer mehr Labour-Abgeordnete die Partei verließen, weil die Führung nichts oder zu wenig gegen die antijüdischen Kräfte unternahm. Corbyn machte den Juden im Land Angst.

Sie sitzen vielleicht noch nicht auf gepackten Koffern, aber sie schauen sich schon mal um nach einer Bleibe, wenn sie in Israel sind. Sie werden auf jeden Fall ganz genau hinsehen, wie es weitergeht in der Labour-Partei. Corbyns Nachfolger als Parteichef, Keir Starmer, jedenfalls lässt keinen

Zweifel: »Wer antisemitisch ist, hat kein Recht, in der Partei zu sein, so einfach ist das.« Man wird sehen, ob es wirklich so einfach ist.

Wie fühlen sich Juden in der ruhigen, idyllischen Schweiz? Liegt der Schluss nicht nahe, dass sich im Lande Wilhelm Tells die jüdische Bevölkerung eigentlich sicher fühlen müsste? Wohl wahr, dass bisher bedrohliche Schlagzeilen fehlen, aber inzwischen ist auch die Schweiz keine Insel mehr. Ich kenne dort jüdische Kindergärten, wo man den Eltern die Empfehlung gibt, den Kleinen unauffällige, »unverfängliche« Kopfbedeckungen zu besorgen. Auch in Zürich schauen sich jüdische Bürgerinnen und Bürger immer wieder um auf ihrem Weg durch die Stadt oder wechseln die Straßenseite. Sie tun es heute öfter als früher. Sie sagen mir, dass sie mit dem ganz alltäglichen Hass aufgewachsen sind und dass es für sie fast schon normal ist, wenn neben ihnen plötzlich ein Wagen bremst und der Fahrer durch das geöffnete Fenster »Du Judenschwein« brüllt.

Was heißt normal? Nein, es ist alles andere als normal, es ist beängstigend. So zu reagieren, vielleicht sogar so zu empfinden, sich mit dem Antisemitismus abzufinden, ist wohl der historisch gelernte jüdische Weg. »Das gewöhnt man uns nicht so schnell ab«, sagte mir ein Anwalt in Zürich. Wie in anderen Ländern Europas ist auch in der Schweiz die Dunkelziffer antisemitischer Straftaten hoch. Beim Nachrichtendienst des Landes sprechen sie inzwischen von einer akuten Bedrohung für Juden. Diese halten ihre Lage in der Schweiz für ernst, aber noch nicht für bedrohlich. Sorge bereitet ihnen dennoch, was sie in den sozialen Netzwerken und in der Mitte der Gesellschaft an antijüdischer Aggression beobachten. Sie halten es daher für möglich, dass die Situation jederzeit bedrohlich werden könnte.

Fazit: Neun von zehn Juden fühlen sich in Europa nicht mehr sicher. Das ist die Realität.

DIE BEDROHUNG VON RECHTS

Die Mordanschläge der rechtsextremistischen Antisemiten und Rassisten von Halle und Hanau haben uns schockiert. Sie haben uns – hoffentlich – auch die Augen geöffnet und gezeigt, welche Bedrohung von Rechtsextremen ausgeht und dass unsere Sicherheitsbehörden nicht abwehrbereit sind. Wer noch daran gezweifelt hatte, welche Bedrohung von rechts gegen Juden, gegen Flüchtlinge, gegen »Fremde« ausgeht, dem wurde durch diese Taten die Absurdität seiner Haltung auf brutale Weise vor Augen geführt. Wer auch jetzt noch glaubt, die Geschichte vom »irregeleiteten Einzeltäter« erzählen zu müssen, der sich, beruflich, sozial und privat frustriert, im Netz radikalisiert, um sich dann seine Opfer in Gestalt des »einsamen Wolfes« auszusuchen, der beschreibt damit nur einen Teil der Wirklichkeit.

Die Mörder von Halle und von Hanau sind Einzeltäter, aber keine Einzelfälle. Sie sind Teil eines globalen Netzwerks von Tätern vergleichbarer wahnhafter Persönlichkeits- und Erfahrungsstruktur. Vollgepumpt mit rechtsextremer Ideologie sind sie zu allem entschlossen: zum Mord und zum Massenmord. Eines ihrer Hauptmotive ist größtmögliche Öffentlichkeit – wozu die maximale Verbreitung der Tat im Netz gehört. Dies trifft auch auf den Mörder von Hanau zu, auch wenn er sich nach vorliegenden Erkenntnissen nicht mit Sympathisanten rassistischer Gesinnung ausgetauscht hat. Sicher ist auch das nicht.

Die Gefahr von rechts außen wird längst nicht mehr bagatellisiert oder gar ausgeblendet. Die Bedrohung war immer da, nur nicht so alarmierend wie heute. Die rote Linie hat sich längst gefährlich weit verschoben, ohne dass wir es wahrnehmen. Die Radikalisierung findet in den sozialen Medien statt. Es ist mir ein Rätsel, wie diese Entwicklung an unseren Politikern und Sicherheitsdiensten so lange vorbeigehen konnte. Die Bedrohung, die von Neonazis und anderen am rechten Rand Verblendeten allein in Deutschland ausgeht, kann wegen der hohen Dunkelziffer nur geschätzt werden. Zurzeit ist von einem gewaltbereiten Potenzial von mehreren Tausend Rechtsextremen auszugehen. Wie mag eine solche Zahl auf diejenigen wirken, die im Fadenkreuz der Juden- und Fremdenhasser, der Juden- und Fremdenmörder stehen?

Das Ungeheuer des Rechtsextremismus erhebt nicht erst seit Kurzem sein hässliches Haupt. Doch wir sind ein gegenwartsversessenes und geschichtsvergessenes Volk, das in seiner großen Mehrheit nichts über den Antisemitismus und seine Erscheinungsformen weiß oder nichts wissen will. Was sagen uns noch die Morde des NSU? Haben wir den rechtsextremistischen Massenmord vom Olympia-Einkaufszentrum in München noch in Erinnerung, der erst – wie blamabel – nach drei Jahren als solcher identifiziert werden konnte? Und der Mord an Walter Lübcke? Und die Brandstiftungen in den Flüchtlingsheimen?

Dann kamen Halle und Hanau. Man muss weiß Gott nicht über hellseherische Fähigkeiten verfügen, sondern nur mit ein paar ehrlichen und klugen Köpfen aus den Sicherheitsapparaten sprechen, um zu erfahren, dass Gewalt- und Mordbereitschaft unter Rechtsextremen von Tag zu Tag zunehmen. Dass immer mehr Mitglieder der braunen Subkultur so schamlos aus ihren Verstecken in der Dunkelheit ans Tageslicht streben, wo sie ihren verheerenden Worten schreckliche Taten folgen lassen – das hat es in der Bundesrepublik noch nicht gegeben.

Was die Bedrohung so unheimlich macht, wird auf beklemmende Weise in der aufsehenerregenden Recherchearbeit »*Rechts vernetzt*« in der *Welt am Sonntag* vom 23. Juni 2019 deutlich. Jeder Neonazi, ob in einer Gruppe oder nicht, kann demnach selbstständig und ohne Absprache mit anderen zur Terrortat schreiten – in »*mörderischer Selbstermächtigung*«. Es ist für mich nicht zu verstehen, dass es noch immer viel zu wenige in der Öffentlichkeit vernehmbare Stimmen von Gewicht gibt, die ohne Umschweife sagen, was Sache ist. Eine Ausnahme ist Konstantin von Notz, Fraktionschef der Grünen im Bundestag, wenn er sagt:»*Die Situation war seit 1945 nicht mehr so gefährlich.*«

Wer erinnert sich eigentlich noch daran, dass im Zusammenhang mit den Festnahmen von Mitgliedern der rechtsextremen Terrorgruppe NSU Dateien mit mehr als 200 Adressen von jüdischen Zielen gefunden wurden? Wir können mit großer Sicherheit davon ausgehen, dass schon damals ein Massaker an Juden in Deutschland geplant war. In Halle erlebten wir dann einen Täter, der eindeutig rechtsterroristisch einzuordnen ist und der sich in einschlägigen Internetforen mit antisemitischer und rassistischer Ideologie so lange auflud, bis seine Wahnvorstellungen in Mord und geplantem Massenmord ihren Ausbruch fanden. Der Täter plante sein Massaker im World Wide Web, weil seine Tat dort millionenfache Zeugenschaft finden sollte. Die Widerstandskraft einer Synagogentür hat ein Blutbad verhindert. Der Wahn ist per Helmkamera als Livestreaming dokumentiert:»*Töte so viele Anti-Weiße wie möglich, bevorzugt Juden.*« Auf seinem Amoklauf durch die Straßen von Halle wandte sich der Mörder in schlechtem Englisch an seine internationale Netzgemeinde mit den Worten:»*Die Juden sind die Wurzel all der Probleme.*« Die Synagoge habe er als Ziel ausgewählt, weil sie»*der nächste Ort mit vielen Juden ist.*« In Halle war eine Synagoge das Ziel, in der Terrorzelle»Der harte Kern« standen Moscheen im Fadenkreuz der Rechtsextremisten.

Ein Dreivierteljahrhundert nach dem Massenmord des Holocaust entgingen Jüdinnen und Juden, die in der Synagoge Jom Kippur feierten, nur um Haaresbreite einem Blutbad. Jüdische Mitbürgerinnen und Mitbürger müssen nicht nur üble Hetze, die täglich lauter und unverschämter durchs Land schallt, ertragen – dies ist schon unerträglich genug. Nein, sie müssen wieder um ihr Leben fürchten, weil die Mörder mitten in Deutschland wieder Jagd auf sie machen. Was wir in Halle gesehen haben, kann niemanden mehr daran zweifeln lassen, dass der mörderische rechtsextreme Antisemitismus, der Vernichtungsantisemitismus in der unseligen Tradition des Nationalsozialismus, in Deutschland weiterlebt. Das Wüten der Antisemiten und Rassisten, die Morde, Mordversuche, Anschläge und Gewalttaten gegen deutsche Juden, gegen jüdisches Leben überhaupt, aber auch gegen Menschen aus anderen Ländern, trifft auf einen zu schwachen Staat, der nur bedingt abwehrbereit ist. Hat man noch immer nicht begriffen, worum es geht? Rechtsradikale Minderheiten trachten anderen Minderheiten nach dem Leben.

Dies alles schadet Deutschland und seinem Ruf in der Welt. Müssen uns eigentlich erst internationale Medien auf eine Entwicklung aufmerksam machen, der wir ziemlich ratlos gegenüberstehen? Muss uns erst die *New York Times* die Frage stellen: »*Hat Deutschland die Lehren aus der Nazizeit vergessen?*« Müssen wir immer aufs Neue in den unseligen Wettbewerb mit der stets gleichen Frage treten: Wer ist der Schlimmste im ganzen Land – der Antisemitismus der Rechtsextremen oder der der Linksextremen? Der Antisemitismus des Islam? Der Antisemitismus im Alltag (»Das wird man ja wohl noch sagen dürfen.«) oder der akademische Antisemitismus oder der Antisemitismus, der sich hinter dem Antizionismus versteckt?

Ein solches »Ranking« der Bedrohungsszenarien mag für die Lageeinschätzung der Sicherheitsbehörden durchaus relevant sein, für Aufklärung und Erklärung in der Gesellschaft macht es keinen Sinn. So gibt es nur ganz selten klar abgrenzbare, singuläre Wurzelstämme, aus denen die Bedrohung wuchert. Vielmehr haben wir es mit einem ganzen Wurzelgeflecht zu tun, in dem sich die genannten Antisemitismen, oft schwer unterscheidbar, miteinander verwoben haben. Zu berücksichtigen ist außerdem, dass die Judenfeindschaft in Deutschland nichts Statisches ist, sondern sich aus unterschiedlichen und unterschiedlich vitalen Quellen speist, die sich zu einem anschwellenden Strom vereinigt haben, dessen grässliche Grundfarbe jedoch zu allen Zeiten Braun war – heute mehr denn je. Es mag viel dafürsprechen, dass die rassistischen Mörder krank sind, aber das tut nichts zur Sache. Sie jagen und ermorden Menschen in Deutschland. Sie versuchen, unser Land zu destabilisieren und unsere Demokratie aus den Angeln zu heben. Das wird ihnen nicht gelingen, wenn (!) sie auf einen starken Staat und eine wehrhafte Demokratie treffen.

DIE SCHAMLOSEN

Man fragt sich, was in einem Land passiert sein muss, in dem eine Partei wie die AfD jahrelang große Wahlerfolge feiern kann. Wie schwach und wenig überzeugend muss eine wachsende Zahl von Wählerinnen und Wählern die Arbeit der Regierungsparteien in Berlin empfunden haben, wenn sie reihenweise zur AfD überliefen?

Sie haben in der Partei erfolgreich »Ängste gesammelt«, erst beim Euro, danach beim Thema Flüchtlinge. Dabei hat es die Parteiführung zugelassen, dass sich der Sumpf ausgedehnt hat. Statt ihn auszutrocknen, duldet man in dieser Partei Holocaust-Relativierer. Jahrelang war man zu schwach oder nicht willens, dieses Abdriften nach rechts außen zu stoppen. Auch gehören der Partei Menschen an, die stolz und offen ihre Nähe zur Neonaziszene unter Beweis stellen. Immer wieder prägen herabsetzende Äußerungen über das Dritte Reich oder den Holocaust die Diskussion in ihren Reihen. Wes Geistes Kinder da versammelt sind, zeigen die deutschtümelnden Kyffhäuser-Treffen, bei denen die Rechten der Rechten in der AfD zusammenkommen.

Politikerinnen und Politiker der AfD leisten einem antisemitischen Klima in Deutschland Vorschub. Sie haben ein gespaltenes Verhältnis zum Antisemitismus, den sie vor allem bei Flüchtlingen, bei Muslimen, verorten. Das Bekenntnis zum jüdischen Leben, das man in der Partei seit Frauke Petry nicht müde wird zu betonen, ist aus meiner Sicht in erster Linie eine hohle Phrase, die vor allem einem Ziel dient: Auf diese Weise glaubt man, sich überzeugender gegen Flüchtlinge positionieren zu können.

Mit anderen Worten: Die AfD instrumentalisiert die judenfeindliche Haltung mancher (!) Flüchtlinge und Muslime, um daraus Kapital an den Wahlurnen zu schlagen. Dieser Gedankengang, der zum Handlungsstrang wurde, ist infam und zeugt von enormer taktischer Durchtriebenheit der AfD-Spitze. Wohlwissend, dass der Antisemitismus – bisher jedenfalls und gegenwärtig mehr denn je – das Kernmerkmal der Rechtsextremen ist, nutzen sie ein projüdisches und proisraelisches Bekenntnis als vermeintlichen Beweis für Distanz zu genau jenem Rechtsextremismus, der weite Bereiche ihrer Partei prägt. Sie spielen ein garstiges Spiel, indem sie Antisemitismus den Muslimen zuschreiben und auf diese Weise von den Schmuddelkindern in der eigenen Partei ablenken. Man muss ihnen diese Maske vom Gesicht reißen!

Dazu gehört, nicht zu verschweigen, dass der Thüringer Nationalist Björn Höcke eine »*erinnerungspolitische Wende*« fordert. Der Wortführer des rechtsnationalen AfD-Flügels marschiert in Chemnitz ohne Hemmungen Seite an Seite mit dem braunen Mob. Er ist immer noch in der Partei. Für viele in der Partei ist nicht nur in diesem Fall die Grenze der Leidensfähigkeit erreicht. Sie sprechen von einer »*völligen Verwahrlosung der AfD*«.

Wir haben verlernt, die Dinge beim Namen zu nennen. Viele unserer vermeintlichen oder tatsächlichen Wortführer sind zu kläglichen Euphemisten degeneriert, die Offensichtliches nicht mehr beim Namen nennen oder Probleme stets nur beschönigen. Deshalb noch einmal in aller Klarheit: Teile der AfD stehen heute für Rechtsextremismus, völkischen Nationalismus und Verharmlosung des Holocaust. Sie spielen die Minderheiten in Deutschland gegeneinander aus. Die Sympathisanten wollen bedient werden.

Es gibt eine Vorgeschichte. Die vielen Geschichtsvergessenen seien daran erinnert, dass Bernd Lucke, der Gründer und Sprecher der AfD, im Sommer 2015 die Partei mit den Worten verlassen hat: »*In der AfD sehe ich (für meine politischen Ziele) leider keine Möglichkeit mehr, ohne gleichzeitig als bürgerliches Aushängeschild für politische Vorstellungen missbraucht zu werden, die ich aus tiefer Überzeugung ablehne. Dazu zählen insbesondere islamfeindliche und ausländerfeindliche Ansichten, die sich in der Partei teils offen, teils latent immer stärker ausbreiten …*« Etwa zur gleichen Zeit verließ der ehemalige BDI-Chef und Europaabgeordnete Hans-Olaf Henkel die AfD. Schon damals warnte er davor, dass »*der Einfluss der Rechtsaußen, der Krachmacher und der Intoleranten*« weiter zunehmen werde. Henkel beklagte, »*die Partei wird von teilweise unappetitlichen Personen geführt*«. Wer glaube, dass sich die AfD nach dem Rückzug von ihm und tausend liberalen Mitgliedern nicht völlig radikalisiere, der irre sich gewaltig.

Häufig höre ich, die Partei habe viele unappetitliche Gesellen in ihren Reihen. So kann man es auch sagen. Doch damit wird man dem eigentlichen Kern ihres Wesens nicht gerecht. Ich halte einen Teil ihrer Mitglieder in ihrer ideologischen Grundausrichtung für gefährlich, vor allem für Minderheiten.

Bisher lebte die »Alternative für Deutschland« gut von ihren Feindbildern. Das hat ihr bisher große Wahlerfolge beschert. Wie es um die Zukunft der Partei bestellt sein wird, ist ungewiss. Der bisher glücklos und schwach agierende Parteichef Jörg Meuthen hat es mit einem Befreiungsschlag versucht und den rechtsradikalen AfD-Landeschef von Brandenburg, Andreas Kalbitz, aus der Partei geworfen. Das war zwar öffentlichkeitswirksam, ob mit dieser Personalentscheidung der braune Flügel in der AfD jedoch nachhaltig geschwächt worden ist, darf bezweifelt werden. Die AfD steht vor der Zerreißprobe. Wie der Machtkampf ausgeht, ist völlig offen. Die Umfragen vom Sommer 2020 zeigen, dass der jahrelange Höhenflug der Partei erst einmal gebremst ist. Dies ist nur eine Momentaufnahme, mehr nicht.

Bleiben wir daher wachsam und argwöhnisch und betrachten wir es als ein längst überfälliges Zeichen, dass die Rechtsextremen in der Partei vom Verfassungsschutz beobachtet werden.

DIE BEDROHUNG DURCH DEN ISLAM

Wer daran zweifelt, ist ein Narr: Die Rechtsextremisten stellen zurzeit mit Abstand die größte Gefahr für Juden und andere Minderheiten in unserem Land dar. Man kann immerhin von Glück reden, dass diese Erkenntnis inzwischen bei Politikern und Vertretern der Sicherheitsbehörden angekommen ist. Jetzt kommt oder – ich bin vorsichtig geworden – käme es aber vor allem darauf an, dass sie ihre ganze Aufmerksamkeit, anders als bisher, auf die Bekämpfung dieser mörderischen Bedrohung richten, die es in dieser Dimension seit den Nazitagen nicht mehr gegeben hat. Ich weiß, das mit der »ganzen Aufmerksamkeit« ist leicht dahingesagt, wenn man die Aufmerksamkeit teilen muss, denn die Feinde der Juden formieren sich auch jenseits von rechts.

Es gibt kaum Studien über Antisemitismus unter Muslimen. Daher ist die Frage nach dem Anteil der muslimischen Bevölkerung am Antisemitismus derzeit wissenschaftlich nicht zu beantworten. So viel lässt sich jedoch verlässlich aus den Beobachtungen und Erlebnissen von Opfern und Betroffenen ableiten: Die Zahl der Anfeindungen und Übergriffe nimmt zu. Es ist ein schwerer Fehler unserer Politikerinnen und Politiker, diese Entwicklung kleinzureden oder totzuschweigen. Die Tabuisierung von islamischem Antisemitismus schürt Misstrauen in der Bevölkerung und ist Wasser auf die Mühlen der AfD.

Joachim Gauck gibt in seinem Buch *Toleranz* eine plausible Erklärung für dieses Verdrängungsverhalten: »*Offensichtlich bestand eine Furcht,* einer Gruppe, die selbst Diskriminierung erfährt, ihrerseits die Diskriminierung anderer anzulasten.« Das kann ein durchaus plausibles Motiv sein. Allerdings ist gut gemeint auch in diesem Fall das Gegenteil von gut. Es gilt, auch die Gefahr, die von Muslimen ausgeht, offen, öffentlich und ohne Einschränkung zu thematisieren – genauso wie die Bedrohung von rechts. Dabei wissen wir natürlich, dass nicht die Mehrheit der Muslime antisemitisch ist. Nein, Fundamentalisten, Radikale oder Idioten sind es. Das allerdings macht die Lage nicht weniger gefährlich.

Viele unserer vermeintlichen oder tatsächlichen Experten, die in einer Endlosschleife jeden Abend in einer anderen Talkshow ihre erwartbare Selektivwahrnehmung zum Besten geben, unterlassen es, darauf hinzuweisen, dass der Anstieg des Antisemitismus auch mit der Aufnahme von jungen Leuten aus arabisch-islamischen Ländern zu tun hat, die in ihren Herkunftsländern nichts anderes gelernt haben, als die Juden als ihre Feinde zu betrachten. Die Gleichung mag manchem nicht gefallen, sie ist aber dennoch richtig: Mehr Menschen aus arabischen Staaten bedeuten mehr Antisemitismus.

Im Jahr 2016 habe ich in einem Kommentar für die *ARD-Tagesthemen* einen Zusammenhang zwischen dem Zuzug der Flüchtlinge und wachsender Terrorgefahr hergestellt. Mangelnde Integration von Flüchtlingen, so meine Begründung, könne sehr schnell auch in Deutschland zu Zuständen wie in Frankreich oder Belgien führen, wo die Banlieues zu gefährlichen Rückzugs- und Rekrutierungsräumen für Terroristen geworden seien. Die moralische Klimaerwärmung der Republik, die der Literaturwissenschaftler Uwe C. Steiner diagnostiziert, war damals längst nicht so weit fortgeschritten wie heute. Doch erinnere ich mich noch sehr genau, wie nach diesem Kommentar eine gewaltige Welle der Kritik aus der eigenen Zunft wie aus der Politik über mir zusammenschlug. So erlebte ich schon damals, wie die »Mainstreamer« die Räume für abweichende Meinungen immer enger machten.

Dabei ist politische Korrektheit in den meisten Fällen ein schlechter Ratgeber. Sie hemmt uns, die ganze Wahrheit auszusprechen und entsprechend zu handeln. Vielleicht hilft es, wenn wir genau hinhören, was uns Menschen jüdischen Glaubens zu sagen haben. Für sie ist der islamische

Antisemitismus eine ernsthafte Gefahr, ein wichtiges Thema, jedoch längst nicht das Einzige, das ihnen Angst macht.

»Der politische Rechtsruck und Bedrohungen durch radikalisierte Muslime machen uns große Sorgen«, sagt der Vorsitzende des Zentralrats der Juden in Deutschland, Josef Schuster. Für ihn besteht kein Zweifel daran, dass verbale oder körperliche Gewalt auch ausgeht von Migranten, häufig mit arabischem Hintergrund. Zur Wahrheit gehört auch, dass seit dem Gazakrieg Antisemitismus von muslimischer Seite immer aggressiver und offener gezeigt wird. Es sind nicht zuletzt eine Vielzahl von Verschwörungstheorien, die dem Hass immer wieder neue Nahrung geben.

Warum reden wir so wenig darüber, was in bestimmten Schulen passiert? Es ist nicht Hysterie, sondern überfällig, darauf hinzuweisen, dass es unter Schülern immer wieder antisemitische Vorfälle gibt. Gerade in Klassen mit vielen Flüchtlingskindern spiegelt sich, was diese in ihren Heimatländern gelernt haben, was ihnen als Feindbild vermittelt wurde und was sich ihnen als Feindbild eingeprägt hat: »Die Juden musst du hassen.« Staatsdoktrin gewissermaßen. Das Mobbing in den Schulen hat eindeutig zugenommen und »Jude« ist ein inzwischen oft gebrauchtes Schimpfwort. Sofortiges Einschreiten wäre nötig, doch Lehrer sind überfordert oder nur bedingt problembewusst. Die Situation zwingt viele jüdische Eltern immer wieder dazu, ihre Kinder die Schule wechseln zu lassen. Andere trauen dem Frieden in Deutschland gar nicht mehr und schicken ihre Töchter und Söhne auf Schulen in Israel. Welch eine Schande für unser Land!

Und dann ist da der 17. April 2018. Auf einem Handyvideo, das im Netz kursierte, war die Brutalität einer Hassattacke der besonderen Art dokumentiert. Ein junger Mann, der 2015 aus Syrien geflüchtet war, schlägt mitten in Berlin auf einen anderen jungen Mann ein, der eine Kippa trägt. Aufgrund des Bildmaterials konnte der Angreifer – auch in der anschließenden Gerichtsverhandlung – nicht mehr leugnen, was geschehen ist: Er war der Täter und schlug mit großer Gewalt zu. Er rief »Yehudi«, was auf Arabisch »Jude« heißt. Dabei ist das Opfer nach eigener Aussage während der Gerichtsverhandlung gar kein Jude, sondern ein arabischer Israeli, der seit mehreren Jahren in Deutschland lebt. Ver-rückte Zusammenhänge, wie sie in der Reportage von Julia Schaaf in der *Frankfurter Allgemeinen Sonntagszeitung* vom 24. Juni 2018 ausgezeichnet herausgearbeitet sind.

Die Kippa habe er bei einem Besuch in Israel geschenkt bekommen. Am Abend des 17. April hat er dann getan, was er besser gelassen hätte: Er hat die Kippa aufgesetzt. Wie es ihm nach dem Angriff gegangen sei, fragte der Richter während der Gerichtsverhandlung. Berlin war für ihn immer eine Traumstadt, sagte der junge Mann. Jetzt laufe er abends von der Bushaltestelle mit einem Gefühl der Angst nach Hause. Nur zwei Frauen (!) hätten ihm während des Angriffs beigestanden. Dieser Fall ist längst kein Einzelfall mehr.

Einer Allianz aus Politik und Mainstream-Medien ist bisher gelungen, den islamischen Antisemitismus weitgehend totzuschweigen. Es ist bis heute nicht erwünscht, auf einen Zusammenhang hinzuweisen, den es nachweislich gibt: Die Bedrohung, die für Juden von Muslimen ausgeht, hat auch mit dem unkontrollierten Zuzug von Flüchtlingen nach Deutschland zu tun. Diese Erkenntnis schließt, wie bereits erwähnt, aber auch eine andere ein: Muslime in Deutschland sind nicht nur Feinde der Juden, sondern gleichzeitig auch Opfer von Rechtsextremen.

Es ist übrigens interessant und für mich durchaus überraschend, wie sich islamischer Antisemitismus im Internet abbildet. Jeder zweite Text ist nämlich geprägt von den »*Stereotypen der klassischen Judenfeindschaft und nicht primär von politischer Empörung gegenüber der Nahostpolitik*«, wie Monika Schwarz-Friesel in einer bemerkenswerten Untersuchung feststellt.

Für den israelischen Historiker, Holocaust-Forscher und langjährigen Leiter des International Institute for Holocaust Research in Yad Vashem, Yehuda Bauer, steht fest, dass mit den muslimischen Einwanderern neuer Antisemitismus nach Deutschland kommt. Im Islam von heute sei Antisemitismus fast Konsens. Dafür gibt es für Bauer jedoch keinen Grund, weil in den meisten arabischen Ländern fast keine Juden leben. Schließlich sei der radikale Islamismus eine Gefahr nicht nur für die Juden, sondern eine Bedrohung für die gesamte Menschheit. Bauer ist überzeugt, dass dieser Radikal-Islamismus nicht effektiv von Nichtmuslimen bekämpft werden kann. »*Eigentlich müssten sich antiradikale Muslime und [antiradikale] Juden zusammentun. Einfach ist das nicht.*«

DAS NETZ DES HASSES

Der Antisemitismus ist 2000 Jahre alt und speist sich aus vielen Quellen – eine heißt übrigens Martin Luther. Es ist daher falsch, von einem »neuen« Antisemitismus zu sprechen.

Dem monströsen Massenmord im Dritten Reich folgte der Versuch der Deutschen, das Verbrechen an den Juden aufzuarbeiten. Er ist nur teilweise gelungen. Der Antisemitismus war damit längst nicht besiegt. Wer daran geglaubt hatte, war naiv. Wie sollte dieser Versuch auch nur eine Chance haben, wenn in all den Nachkriegsjahren bis heute jeder vierte Deutsche Antisemit ist – offen oder verdeckt, aktiv oder in geistiger Sympathie, gebildet oder ungebildet?

Er war also immer unter uns, der Antisemitismus. Wir sind seiner nie Herr geworden. Wenn wir dennoch von einem neuen Antisemitismus sprechen, dann meinen wir den alten, der sich gefährlich schnell mit neuem Tempo, neuer Wucht, neuer Brutalität, neuen Inhalten und neuen Verschwörungstheorien im Land der NS-Mörder ausbreitet.

Der Hass auf Juden ist genauso wie der Hass auf andere Minderheiten durch das Internet zum Flächenbrand geworden. Der Hass multipliziert sich jeden Tag, millionenfach. Die Fantasien der Mörder leben sich in der virtuellen Welt aus und vermischen sich mit der realen Welt, in der sie sich ihre Opfer suchen. Dadurch habe die »ungefilterte und nahezu grenzenlose Verbreitung des judenfeindlichen Gedankenguts ein Ausmaß wie nie zuvor in der Geschichte erreicht«, sagt die Antisemitismus-Forscherin Monika Schwarz-Friesel. Sie hat mit ihrem Team mehr als 300 000 Internetchats und Nachrichten aus den sozialen Medien analysiert.

Es ist ein Drama, dass vielen unserer Politikerinnen und Politiker, die heute in Europa, in Berlin oder in den Bundesländern Verantwortung tragen, zwar nicht der gute Wille, sondern ganz einfach die Fähigkeit fehlt, ausreichend zu durchdringen, welch tödliche Gefahr im Netz auf uns lauert. Es würde ja schon helfen, ein Bewusstsein für das Drohpotenzial zu entwickeln, das sich im Internet aufgebaut hat.

Der Philosoph Robert Maggiori schärft unsere Sinne, wenn er sagt: »*Im 21. Jahrhundert ist etwas Neues passiert: Die sozialen Medien geben jedem die Möglichkeit der Verbreitung von Unterstellungen, Beleidigungen und Verletzungen, die anderen nicht nur schaden, sondern sie komplett zerstören können. Umberto Eco hat einmal gesagt: ›Früher hat man im Café gelästert. Man hing zu dritt oder zu viert um den Tresen und konnte über Juventus Turin lästern, wenn man Fan von Milano war.‹ Heute sind aus den drei, vier Leuten Milliarden geworden. Alle haben sie die Werkzeuge in der Hand, mit denen man andere vernichten kann. Kleine Tropfen von Gift in das Wasser der sozialen Netzwerke abzusondern, ist der Gipfel der Feigheit, aber außerordentlich effektiv. Die wenigen Tropfen vergiften in Windeseile den ganzen Fluss.*«

Nun verabreichen die Judenhasser ja nicht nur kleine Tropfen, sondern eine extrem hohe Dosis an Gift. Die Judenfeindschaft im Netz muss uns alarmieren:

1. Der Antisemitismus tobt sich nicht mehr nur im Darknet, in den dunklen, schwer auffindbaren Winkeln des Netzes aus, sondern hat längst die »normale« Netzwelt durchdrungen, ist Teil des virtuellen, nicht extremistischen Diskurses.

2. Damit erreicht jeder Netzsurfer einfach und schnell eine antisemitische »Nutzeroberfläche«, die er wahrscheinlich gar nicht gesucht hat. Monika Schwarz-Friesel sagt, dass Antisemitismus bereits mit einem Mausklick zugänglich sei.

3. Das Internet ist das Medium der Jungen. Sie wissen wenig bis nichts über den Holocaust, den Antisemitismus, die jüdische Geschichte. Daher sind sie den krudesten Verschwörungstheorien in besonderer Weise ausgesetzt und extrem anfällig.

4. Neben die leicht identifizierbaren Hassparolen gesellt sich immer öfter der akademisch formulierte Antisemitismus. Er vergleicht Israel mit Nazideutschland und kann sich wachsender Sympathie gerade in deutschen Intellektuellenkreisen erfreuen.

5. Die Judenhasser sind gesellschaftsfähig geworden. Vor allem in der digitalen Welt hat man sich längst an den Antisemitismus gewöhnt. Immer mehr von ihnen legen die Tarnkappe der Anonymität ab und schreiben ihre Hassbotschaften schamlos unter Nennung ihres Namens und ihrer Anschrift. »Klarnamenhass« nennt man das.

Obwohl sie schon lange über den Antisemitismus forsche, sagte Monika Schwarz-Friesel im *Spiegel* vom 12. Oktober 2019, sei es für sie ein Schock gewesen, »*in welchem Ausmaß und mit welcher Wucht sich im Netz der alte Vernichtungswille zeigt*«. Dabei gebe es keine Unterschiede von Bedeutung zwischen rechtem, linkem oder islamischem Antisemitismus. Der sprachliche Unrat ist ekelerregend. Der Müll türmt sich jeden Tag höher im Netz.

»*Die müssen alle vergast werden diese stinkenden Drecksjuden.*«

»*Der Tag wird kommen da wir Euch vernichten werden. Das ist keine Drohung, sondern ein Versprechen.*«

»*Eure Sippe ist weit davon entfernt, etwas Besseres zu sein. Eure Sippe in Israel sind KZ-Wächter. Kein bisschen besser als die dreckigen Nazischweine.*«

»*Ich werde Euch im KZ Auschwitz feierlich vergasen! Eure Frauen werde ich zu Tode vergewaltigen. Das wird ein Genuss! Ihr elendiges Pack exkommunizierte genau das, was ihr verdient. Das deutsche Volk wird aus dieser ethnischen Säuberung groß und gereinigt hervorgehen! Ihr jüdisches Pack! Judentum ist Verbrechertum. Juden sind zum Töten da.*«

Diese monströsen Sätze wurden nicht im Dritten Reich gesprochen. Sie stammen aus der jüngsten Vergangenheit und sind in ihrer Ungeheuerlichkeit zusammengetragen und untersucht in der Studie *Judenhass im Internet* von Monika Schwarz-Friesel. Diese Studie (ich kenne nichts vergleichbar Fundiertes) öffnet uns endlich die Augen für die tödliche Bedrohung, die vom Web 2.0 für die jüdischen Gemeinden in der ganzen Welt ausgeht. Schwarz-Friesel und ihr Team haben gefragt, wie Judenhasser heute denken, fühlen und kommunizieren. Die Forscher bringen uns deren sprachliche Wahnbilder in der digitalen Welt auf eine Art und Weise nahe, dass man es kaum mehr erträgt. Ich stelle mir vor, welch seelische Anstrengung es für die Autoren bedeutet haben muss, weit mehr als eine Viertelmillion dieser die Dimension aller Vorstellungswelten sprengenden Hassbotschaften im Internet auszuwerten.

In der Einleitung des Buches bekommen wir ein Gefühl für die enorme Belastung, die ihre Begegnung mit dem Hass darstellte, wenn die Autorin schreibt: »*Oft sind die Äußerungen von so unbeschreiblicher Grausamkeit, dass es selbst einer erfahrenen Antisemitismus-Forscherin den Atem stocken lässt.*« Trotz jahrelanger Beschäftigung mit diesem Thema falle es ihr angesichts dieses blindwütigen Hasses im Netz immer wieder schwer, die Distanz der Wissenschaftlerin zu wahren.

Wer es noch immer nicht begriffen hat, dem sei dieses Buch ans Herz gelegt. Reicht es weiter an eure Kinder, an eure Kollegen, an eure Freunde, an die Lehrer. Es ist Pflichtlektüre! Es zeigt uns, wie die Anfeindung von Juden im Internet zu einer Bedrohung geworden ist, wie es sie nie zuvor in der Geschichte gegeben hat. Wer es gelesen hat, kann nicht mehr behaupten, er habe nichts gewusst.

Macht Schluss mit eurer Gleichgültigkeit. Sie bringt uns noch um, sie bringt noch mehr Juden um. Es ist Gefahr im Verzug. Tut was, setzt euch wenigstens diesem mutigen Buch aus! Es wird euer Bewusstsein schärfen. Es ist an der Zeit, aufgebracht zu sein. Es ist an der Zeit, dem Unrat, der aus kranken Hirnen strömt, etwas entgegenzusetzen. Wir haben keine Zeit mehr: Die Judenhasser sind längst aus den dunklen Verliesen der Anonymität gestiegen, um sich offen und mit höhnischer Fratze im Netz und auf der Straße zu brüsten.

DIE ANTISEMITEN SIND ÜBERALL

Ein beliebter Satz auf vielen Diskussionspodien lautet: »Der Antisemitismus ist in der Mitte der Gesellschaft angekommen.« Diese Feststellung ist falsch. Judenhasser waren schon immer in der Mitte der Gesellschaft zu finden, und es gab sie schon immer in den sogenannten feinen Kreisen. Wir sprechen von der »Mitte« in einem doppelten Sinn: Wir meinen einmal den Antisemitismus im Alltag, der sich mitten durch die Gesellschaft zieht – allgegenwärtig und unabhängig vom sozialen Standort des Hassers. Wir meinen aber auch den Antisemitismus der gebildeten bürgerlichen Mitte, die ihre Anfeindungen gern hinter der Kritik an Israel versteckt.

Anders als früher hetzt man lauter und schamloser gegen die Juden, weil die rote Linie, jenseits derer die Zone des Unsagbaren beginnt, längst überschritten ist. Das Unsagbare ist wieder sagbar geworden (»Man wird ja wohl noch sagen dürfen!«). Antisemiten dehnen ihr Aktionsfeld hemmungslos aus. Die unverhohlene Judenfeindschaft wird ganz offensichtlich von einer wachsenden Zahl von Bürgerinnen und Bürgern in diesem Land stillschweigend hingenommen und nicht als abstoßend, ekelerregend, unmenschlich, menschenverachtend, barbarisch geächtet. Kann es denn wirklich sein, dass Antisemitismus mit seinen Beleidigungen, mit seinen Verunglimpfungen, mit seinen Morddrohungen immer mehr als Normalität empfunden wird, der unser Leben, unsere Gesellschaft mehr und mehr durchdringt und gegen den man halt nichts machen kann?

Auf diese Frage gibt eine bemerkenswerte Studie aus jüngster Zeit eine sehr deutliche Antwort. Eine repräsentative Umfrage des Jüdischen Weltkongresses kommt zu dem Ergebnis, dass Antisemitismus in Deutschland weitverbreitet ist. Nicht weniger als 27 Prozent der Deutschen und 18 Prozent einer als »Elite« bezeichneten Bevölkerungsgruppe hegen antisemitische Gedanken, und 41 Prozent sind sogar der Meinung, Juden redeten zu viel über den Holocaust. Die Zahlen haben Gewicht, denn sie wurden nicht von irgendwem erhoben, sondern von der Dachorganisation jüdischer Gemeinden und Organisationen aus mehr als 100 Ländern. Die Befragung fand mehrere Wochen vor dem Anschlag in Halle statt.

Ein weiteres Ergebnis hat mich ebenfalls schockiert. Es betrifft die gebildete Mitte der Hochschulabsolventen mit einem Jahreseinkommen von mindestens 100 000 Euro: 28 Prozent von ihnen glauben, Juden übten zu viel Macht in der Wirtschaft aus. Fast genauso viele (26 Prozent) sind der Meinung, Juden seien in der Weltpolitik zu einflussreich. Was diesen vermeintlichen oder tatsächlichen Vertretern der sogenannten »Elite« da so locker über die Lippen ging, lässt einen erst einmal tief Luft holen: Das ist Antisemitismus pur aus dem Mund von Leuten, die genau wissen, was sie sagen und noch viel schlimmer – die es eigentlich besser wissen müssten. Enthemmt und unverhältnismäßig ist auch die Kritik an Israel geworden. Sie wird besonders gern und überzeugt von der Richtigkeit des eigenen Standpunktes in den Kreisen sogenannter oder tatsächlicher Intellektueller geübt. Immer öfter verwandelt sich verbal radikale Kritik an Israel in einen auf Israel bezogenen Antisemitismus.

Ich habe an anderer Stelle vom »Land der Gleichgültigen« gesprochen. Ich bezweifle ernsthaft, dass wir überhaupt wahrnehmen, was um uns herum, in der Mitte unserer Gesellschaft, geschieht. Wohin sind wir eigentlich gekommen, wenn immer mehr jüdische Frauen und Männer, darunter auch viele Jugendliche, an bestimmten Orten und bei entsprechenden Anlässen in Deutschland die Symbole ihrer Religionszugehörigkeit, die Kippa und den Davidstern, verbergen – aus Angst, anderenfalls Opfer eines Angriffs zu werden. Welch ein Armutszeugnis für diesen Staat, welch ein Armutszeugnis für uns alle! Wo sind wir hingekommen, wenn der Antisemitismusbeauftragte der Bundesregierung die Juden vor dem Tragen der Kippa warnt?

Kein Tag ohne neue Angriffe, beleidigende Parolen, Schändungen. Die Zahl der Übergriffe hat deutlich zugenommen. Sie liegt in Wirklichkeit noch wesentlich höher, denn viele Taten werden nicht angezeigt. In Chemnitz zum Beispiel wurden ein jüdisches Restaurant und sein Besitzer vom rechten Mob angegriffen. In Niedersachsen verübten Unbekannte einen Brandanschlag auf das Haus eines jüdischen Ehepaares und schmierten »Jude« an die Tür. Die Schändung jüdischer Friedhöfe gehört inzwischen zum Alltag in Deutschland. Den Taten gehen immer Worte voraus. Es wird enthemmter und schamloser gehetzt als noch vor ein paar Jahren. Die Hetzer haben sich überall eingenistet. Wenn Judenfeindschaft Teil unserer »Normalität« geworden ist, dann bedeutet das nichts anderes, als dass wir uns daran gewöhnt haben, es vielleicht sogar selbstverständlich finden, was da vor unseren Augen und um uns herum geschieht, dass wir den Judenhassern Raum geben in unserer Mitte und zulassen, dass sie ständig eine rote Linie überschreiten, dass wir wegschauen oder gar nicht erst hinschauen. Warum? Weil es uns kaltlässt.

Wann erkennen wir endlich, dass der Hass sich nicht nur in brutalen Attentaten zeigt, die es für kurze Zeit in die Schlagzeilen schaffen und für ein paar Stunden salbungsvolle Worte und Empörung auslösen? Nein, das Gift des Hasses sickert tagtäglich in unser Leben und verseucht es, weil niemand ernsthaft etwas dagegen unternimmt. Ich neige eigentlich nicht zum Alarmismus, aber ich beobachte und nehme wahr, dass uns das abstoßende Gesicht der Antisemiten immer dreister und immer selbstbewusster angrinst.

Ich frage mich, ob wir schon so weit sind, dass wir die Judenfeindschaft in unserem Land wieder akzeptieren. Oder – und das ist schon keine Frage mehr, sondern leider bittere Gewissheit – in weiten Teilen unserer Gesellschaft antisemitisches Gedankengut zustimmend zur Kenntnis nehmen.

»Nie wieder!« Diese maßlos abgedroschene Forderung wird jeden Tag durch ein scheußliches »immer wieder« der Tat widerlegt. Immer wieder am Stammtisch, immer wieder auf der Straße, immer wieder im Internet, immer wieder von rechts, immer wieder von Muslimen, immer wieder von links, immer wieder von Akademikern, immer wieder drohend, immer wieder beleidigend, immer wieder gewalttätig, immer wieder feindselig, immer wieder menschenfeindlich, immer wieder unerträglich, immer wieder Angst. Immer wieder, immer wieder! Wie lange eigentlich noch? Wie lange will die Mehrheit eigentlich noch schweigen? Wie lange in ihrer schrecklichen Passivität verharren? Wie lange gehen wir noch ungerührt am jüdischen Kindergarten vorbei, der von einem starken Polizeiaufgebot geschützt werden muss? Wie lange noch? Wie lange will die schweigende Mehrheit noch schweigen?

Juden in Deutschland zu Beginn des dritten Jahrtausends werden beleidigt, gemobbt, bespuckt, geschlagen, mit Mord bedroht. Schon in den zurückliegenden Jahren haben sie – oft hinter vorgehaltener Hand – mit wachsender Sorge darauf hingewiesen, dass und wie sich die Lage verschärft, wie aggressiv der Ton gegenüber Juden geworden ist, dass die Hemmschwelle von Tag zu Tag weiter sinkt. Diese Warnungen sind bis zum heutigen Tag in den Wind gesprochen. Wir können gespannt sein, ob nach dem Terrorakt von Halle endlich eine neue Sensibilität an die Stelle des satten Schweigens der Mehrheit treten wird. Die Hoffnung stirbt bekanntlich zuletzt.

Die Antisemiten sind überall. Es sind mehr geworden. Es sind mehr, als die Statistik sagt. Sie sind radikaler geworden. Sie sind dreister geworden. Sie kommen von den extremistischen, menschenverachtenden Rändern. Sie kommen längst auch aus der Mitte unserer Gesellschaft. Sie kommen aus der Mitte des Bürgertums. Dort waren sie schon immer in der Geschichte zu finden, aber auch dort haben sie sich noch nie seit Kriegsende so laut und radikal geäußert wie heute. Sie agieren im Internet, in dem sie sich zur größten antisemitischen Bedrohung versammeln. Natürlich registrieren die Opfer, woher die Angriffe und die Übergriffe kommen. Doch sie können nicht begreifen, wie man auf der Rechten Freude über den linken Antisemitismus empfindet und umgekehrt auf der Linken sich der rechten Übergriffe erfreut. Ebenso wenig Verständnis haben sie für die politisch motivierte Diskussion darüber, ob judenfeindliche Übergriffe mehr von Rechtsextremen oder von Muslimen begangen werden.

Um es auf den Punkt zu bringen: Juden in Deutschland ist es – so meine Beobachtung – ziemlich gleichgültig, wer die Täter sind: Rechtsextreme, Linksextreme, die Angreifer aus der bürgerlichen Mitte, die Angreifer aus dem Netz, Antizionisten, Muslime. Nicht gleichgültig ist ihnen dagegen eine endlich überzeugende Antwort auf die Frage: Wer schützt uns?

WENN DIE ZEUGEN TOT SIND

In den Lagern von Auschwitz kamen 1,1 Millionen Menschen ums Leben: vergast, erschossen, zu Tode geprügelt, verhungert, umgebracht durch medizinische Versuche. Es ist ein Wunder, dass es überhaupt Menschen gibt, die aus der Hölle von Auschwitz berichten können, denn das Vernichtungslager war eine Mordmaschine. Überleben war nicht vorgesehen. Eine teuflische Organisation sorgte dafür, dass »unbrauchbares Leben« sofort getötet wurde: Wer krank und alt war, wer schwanger war oder kleine Kinder dabeihatte, wurde aussortiert und in der Regel sofort nach der Ankunft im Lager Auschwitz-Birkenau in der Gaskammer ermordet.

Die NS-Bluthunde haben die Toten regelrecht ausgeschlachtet. Die Asche der verbrannten Körper von Kindern, Frauen, Männern, kranken und alten Menschen wurde – es fällt schwer, es überhaupt in Worte zu fassen – im Straßenbau und als Dünger verwendet. Was von ihnen noch »zu gebrauchen« war, wurde von den Befreiern im Januar 1945 als grauenhafte Hinterlassenschaft entdeckt: Zahngold und sieben Tonnen Haar, das von schätzungsweise 150 000 Frauen stammte. Fast 350 000 Herrenanzüge. Fast 850 000 Damenkleider. Zigtausende von Brillen, Schuhen und Koffern.

Es dauert nicht mehr lange, bis die letzten Augenzeugen dieses Grauens, die den NS-Massenmördern entkommen sind, nicht mehr unter uns sein werden. Was sie erlitten haben, wird dann zwar vielfach in den Archiven dieser Welt dokumentiert sein. Was uns jedoch fehlen wird, sind ihre Erzählungen, aus denen die Unmittelbarkeit des Erlebten spricht, die

Unermesslichkeit des Grauens, die fürchterliche Todesangst, die Verzweiflung. Viele der Überlebenden hatten sich dazu entschlossen, ihre entsetzlichen Erlebnisse nicht nur niederzuschreiben, sondern in vielen Begegnungen vor allem mit Schülern und Studierenden in die Herzen und Hirne der jungen Generationen zu pflanzen, was ihnen in den Todeslagern widerfahren war. Aus eigenem Erleben weiß ich, welch starke Wirkung diese Augenzeugenberichte auf die anwesenden Zuhörerinnen und Zuhörer hatten, die sprachlos, erschüttert und oft mit Tränen in den Augen nicht fassen konnten, was Menschen Menschen angetan haben. Wir können nicht ermessen, welch übermenschliche seelische Kraft es sie gekostet haben muss, bei jeder Lesung, bei jeder Begegnung, bei jeder Erzählung die Qualen der Vergangenheit immer wieder aufs Neue zu durchleiden.

Jetzt, wo es nur noch ganz wenige sind, die Zeugnis ablegen können von der Perversion des Massenmordes in deutschem Namen, jetzt, wo der Antisemitismus brodelnd an die Oberfläche steigt, wären sie wichtiger denn je. Die Lücke, die sie in der Erinnerungsarbeit hinterlassen werden, ist nicht zu schließen. Es bedarf deshalb größter Anstrengung, diese Lücke so klein wie möglich zu halten.

Nach einer Umfrage des amerikanischen Fernsehsenders CNN aus dem Jahr 2018 haben junge Leute kaum Wissen über die systematische Vernichtung der Juden durch die Nationalsozialisten: 40 Prozent der 18- bis 34-Jährigen schätzt sich selbst so ein, dass sie »wenig« oder »gar nichts« über den Holocaust wissen. Viele Jugendliche wissen nach eigenen Angaben gar nicht, dass in Deutschland Juden leben. Dabei hat die junge Generation ein ausgeprägtes Interesse an den Ereignissen der Vergangenheit. Doch fehlende Kenntnisse über das Dritte Reich und den Holocaust machen sie anfällig für Verschwörungstheorien und gezielt verbreitete Falschinformationen. Daraus wiederum entstehen Vorurteile und Hass. Das ist ein Versagen in den Familien, in den Schulen und auch in den Medien.

Während der Gedenkveranstaltung am 27. Januar 2020 zum 75. Jahrestag der Befreiung von Auschwitz-Birkenau saßen sie in der ersten Reihe: zweihundert Auschwitz-Überlebende, die meisten über 90 Jahre alt, viele von ihnen im Rollstuhl. Sie gehören zu den wenigen, die die »Todesfabrik« überlebt haben, in der mehr als eine Million Menschen ermordet wurden, fast alle von ihnen Juden, aber auch Sinti und Roma, Homosexuelle, sowjetische und polnische Gefangene. Die hier zusammenkommen, sind unter den Letzten, die verblieben sind.

Wenn Bundespräsident Steinmeier sagt, es sei die Pflicht der Lehrer und Schulen, über die Jahre zwischen 1933 und 1945 zu informieren, dann hat er damit sicherlich recht. Doch solche Informationen können das unmittelbare Erleben, die im Innersten berührenden Schilderungen jener Frauen und Männer, die die Konzentrations- und Vernichtungslager überlebt haben, nicht ersetzen.

Es waren Fügungen des Schicksals – man könnte auch sagen, mir widerfuhr die Gnade –, dass ich jüdischen Persönlichkeiten begegnet bin, die es sich zur Lebensaufgabe gemacht hatten, vor allem Schülerinnen und Schülern in Tausenden von Vorträgen, Lesungen und Gesprächen vor Augen zu führen, was sie während des Holocaust erleiden mussten. Wie oft habe ich erlebt, dass die monströse Vergangenheit während solcher Begegnungen wieder so lebendig wurde, dass sie den überlebenden Augenzeugen wie den Zuhörern alles an Selbstbeherrschung abverlangte.

Einer, der rastlos von Schule zu Schule zog, an Universitäten, auf Kirchentagen, Kongressen oder bei der Bundeswehr über seine Erlebnisse in den Konzentrationslagern berichtete, war Max Mannheimer, der nach seiner Befreiung aus dem KZ Dachau in München lebte. Bis kurz vor seinem Tod im Alter von 96 Jahren legte er unermüdlich Zeugnis ab von den Verbrechen der Nazis an seiner Familie und von dem Wunder, dass er die Folter seiner Peiniger überlebt hat. Erst 1986, als er auf Bitten eines evangelischen Pfarrers in der Versöhnungskirche von Dachau aus seinem Leben berichtete, war der Bann seiner Sprachlosigkeit gebrochen. Es war der Beginn seiner Vortragstätigkeit – über vierzig Jahre, nachdem er, nur noch 47 Kilogramm schwer und lebensgefährlich an Typhus erkrankt, am 30. April 1945 von den Amerikanern befreit wurde.

Vier Jahrzehnte lang konnte er über seine Erlebnisse nicht sprechen. Stattdessen schrieb und malte er sich den Albtraum von der Seele. Seine expressiven Bilder signierte er mit »ben jakov«, Sohn des Jakob, in Erinnerung an seinen Vater. Im Katalog einer Ausstellung heißt es, er male »*Bilder seines Weges aus Schmerz und Depression*«.

Eigentlich wollte Max Mannheimer nach seinem Martyrium nicht mehr in Deutschland bleiben. Nur die Liebe zu seiner zweiten Frau ließ ihn dann doch im Land der Mörder ausharren. Welche Überwindung mag ihn das gekostet haben, genauso wie Tausende seiner Leidensgenossen, die den Konzentrationslagern entkommen waren? In seinen Aufzeichnungen *Spätes Tagebuch* schildert Max Mannheimer, wie er und seine Familie am 1. Februar 1943 nach Auschwitz deportiert wurden. Es war dunkle Nacht, als die Mannheimers unmittelbar nach der Ankunft auseinandergerissen wurden. Es war das letzte Mal, dass der 23-jährige Max seine Eltern, seine junge Frau Eva und seine Schwester Käthe sah. Noch in derselben Nacht wurden seine Eltern vergast, die anderen Familienmitglieder wenig später ermordet. Binnen weniger Tage waren fünf Leben von den Bestien in Auschwitz ausgelöscht – nur Max und sein Bruder Edgar überlebten. Sie wurden gequält und erniedrigt, über Jahre, in Theresienstadt, in Auschwitz, in Warschau, in Dachau. Max Mannheimer hieß jetzt 99728, die Nummer eingebrannt in den linken Unterarm. Er sagte einmal, das menschliche Hirn könne sich das, was er erlebt habe, nicht vorstellen, sein Angstpotenzial sei in Auschwitz völlig aufgebraucht worden. Manchmal, wenn man einen aus seinen schönen dunklen Augen ansah, konnte man erahnen, was diese Augen gesehen hatten. Er war entschlossen, den Qualen in Auschwitz durch Selbstmord ein Ende zu bereiten. Als sein jüngerer Bruder ihn fragte, ob er ihn denn alleinlassen wolle, verwarf er seinen Plan sofort.

Es war mir völlig unbegreiflich, wie äußerlich ruhig und gefasst und voller Würde dieser beeindruckende alte Herr seine Leidensgeschichte erzählen konnte. Die Geschichte von den Toten, die in der Nacht starben und zwischen denen er am nächsten Morgen aufwachte. Die Geschichte von den ermordeten Mithäftlingen, an denen er zu den Klängen von Marschmusik vorbeigehen musste. Trotzdem konnte er immer wieder sagen: »*Ich komme als Zeuge jener Zeit in die Schulen, nicht als Richter oder Ankläger.*« Für mich war diese Haltung Ausdruck einer geradezu übermenschlichen Anstrengung.

Am 28. April 2015, mit 95 Jahren, war dieser großartige Mann, der seit 1988 auch Vorsitzender der Lagergemeinschaft Dachau war, mein Gast in der *Münchner Runde* des Bayerischen Fernsehens. Unser Thema war das

Lebensthema von Max Mannheimer: *Wie wichtig ist die Auseinandersetzung mit der Schuld der Deutschen für die junge Generation?* Neben ihm hatte ich noch eine Schülerin und einen Schüler aus der Mittelstufe eines Gymnasiums mit der Absicht eingeladen, dass sie vor allem Fragen stellen sollten. Dazu kam es nicht; trotz wiederholter animierender Intervention meinerseits blieben sie sprachlos. Max Mannheimer schlug uns in seinen Bann, 45 Minuten lang – und wir hörten nur noch zu. *»Ich erkläre ihnen, dass sie nicht die Verantwortung dafür tragen, was geschehen ist, wohl aber dafür, dass es nicht wieder geschieht.«*

Der Augenzeuge Max Mannheimer ist nun verstummt. Er verstarb am 23. September 2016.

Verstorben ist auch der Zeitzeuge Otto Schwerdt, dem ich über viele Jahre immer wieder begegnen durfte. Es fügte sich so, weil er als Rundfunkrat des Bayerischen Rundfunks tätig war. Stets traf man auf einen freundlichen und liebenswürdigen Menschen, der ein stilles Lächeln im Gesicht trug. Welche Überwindung muss es auch ihn gekostet haben, 1954 nach seinem Aufenthalt in Israel mit einer so menschenfreundlichen Haltung nach Deutschland zurückzukehren, nachdem die Nazis seine Familie ermordet und ihn selbst fast zu Tode gequält hatten.

Ähnlich wie Max Mannheimer war Otto Schwerdt erst als 70-Jähriger so weit, dass er seine Leidensgeschichte aufschreiben konnte. Zusammen mit seiner jüngsten Tochter arbeitete er die fürchterliche Zeit in Auschwitz auf. Sie taten es, indem sie an die Orte des Grauens zurückkehrten. Der Holocaustüberlebende setzte sich in der Erinnerung noch einmal dem Leid aus und fasste es in seinem Buch *Als Gott und die Welt schliefen* zusammen. Otto Schwerdt hielt in diesen Zeilen den Schrecken und das Entsetzen, die Angst und die Verzweiflung fest, die er als damals 20-Jähriger in Auschwitz durchlebte. Er erzählte die Tragödie in diesem Buch und er erzählte sie immer wieder Schülerinnen und Schülern, um deren Bewusstsein zu schärfen, für die Zukunft. Hier tat er es Max Mannheimer gleich. Wer diesem sensiblen, in späteren Jahren zerbrechlich wirkenden Mann bei seinen Schulbesuchen zuhörte, hat gespürt, wie ihn seine Erinnerungen jedes Mal aufs Neue erschütterten.

»Ich war 20 Jahre alt, als mich die Nationalsozialisten am 2. August 1943 nach Auschwitz-Birkenau brachten. Von meiner engsten Familie überlebten nur mein Vater und ich das ›Reich der Herrenmenschen‹. Meine Mutter Eti, meine ältere Schwester Meta und mein Bruder Sigi wurden hier in Auschwitz-Birkenau ermordet. Es gibt kein Grab. Es gibt keinen Stein.«

Viele Jahrzehnte später müssen sich drei Neonazis vor dem Oberlandesgericht Naumburg verantworten, weil sie in der Nacht zum 11. Juni 2000 in Dessau den Mosambikaner Alberto Adriano in einem hemmungslosen Gewaltanfall derart brutal zusammengeschlagen hatten, dass er drei Tage später verstarb. Einer der Täter trat mit seinen Schnürstiefeln zehnmal gegen den Kopf des Opfers. Alle drei bekannten sich zu ihrer rassistischen Gesinnung. Otto Schwerdt hat den Prozess genau verfolgt und war zutiefst erschrocken über »*das sadistische Grinsen der Täter*«. Und da habe er sofort gewusst, das Grinsen von Dessau war wie das Grinsen in Auschwitz.

Wer diesem Mann, der Auschwitz überlebte, begegnet ist, wurde Zeuge seiner fürchterlichen Erinnerungen. Man sah und man spürte, wie bewegt, wie berührt, wie aufgewühlt er bei jedem seiner Vorträge aufs Neue war. Über seine Augen legte sich dann jedes Mal ein feuchter Schleier, durch den hindurch wir uns gegenseitig anblickten – mit dem Unterschied, dass er genau wusste, wovon er sprach, und ich es nur ahnen konnte. Otto Schwerdt starb am 30. Dezember 2007. Vor allem junge Menschen hätten noch viele Fragen an ihn gehabt.

Heute sind es nur noch wenige Zeugen, die über die größte Vernichtungsmaschinerie in der Geschichte der Menschheit berichten können. Es werden jeden Tag weniger. So kommt bald der Tag, an dem kein Zeitzeuge mehr unter uns weilt. Auf diese Stunde gilt es sich schon jetzt vorzubereiten. Wie können wir verhindern, dass sich eine Lücke der Erinnerung auftut? Wie kann ein neuer starker Aufbruch der Erinnerungsarbeit aussehen, die die Mittel der digitalen Welt nutzt und damit die erreicht, auf die es in Zukunft ankommt: die jungen Menschen?

ZERREISSPROBE

Unberührt und ungebrochen durch die Erfahrung von Auschwitz gewinnen die Antisemiten täglich mehr an Boden. Deutschland steht unter besonderer Beobachtung. Juden müssen hier inzwischen wieder mit allem rechnen – auch mit Mord. Nur ein Dreivierteljahrhundert nach Ende des Naziregimes baut sich aus den Untiefen einer ja stets vorhandenen Judenfeindschaft eine neue Dimension der Bedrohung auf, die deutlich macht, dass Aufklärungs- und Erinnerungsarbeit nach 1945 nicht den gewünschten Erfolg gebracht haben. Gleichgültigkeit, Geschichtsvergessenheit und der latent vorhandene Sympathie- und Toleranzpegel eines Viertels der Deutschen für den Antisemitismus haben sich in den vergangenen Jahren in einer unheiligen Allianz gegen deutsche Juden verschworen.

Wenige Jahrzehnte, noch nicht einmal ein Wimpernschlag der Geschichte, liegen zwischen den traumatischen Erlebnissen der Holocaustüberlebenden und den sprachlichen Gewalttaten der Judenfeinde von heute, die sich besonders brutal und menschenverachtend im Internet manifestieren. Die Opfer der Judenmörder von damals und die Judenhasser von heute – rücken wir ihre Worte so nahe zusammen, dass es uns unerträglich und hoffentlich speiübel wird.

»Eines Tages tauchte ein Mann auf. Er war Jude. Er behauptete, aus dem Vernichtungslager Treblinka geflüchtet zu sein. Von ihm hörten wir zum ersten Mal, dass die Nazis Juden und andere, die ihnen nicht passten, vergasten. Ich konnte das nicht glauben. Man kann so etwas nicht glauben. Den Gedanken, dass wir alle vernichtet werden sollten, konnte ich nicht

ertragen. Mein Gehirn weigerte sich, allein die Worte zu denken, ›die Juden werden vergast‹. Meine Familie, meine Freunde, all die Juden, die ich kenne, wollen die Nazis umbringen. Und mich.« (aus: Otto Schwerdt, *Als Gott und die Welt schliefen*)

»Eines Tages seid ihr endlich ausgerottet ... Die Welt betet dafür.« (E-Mail an den Zentralrat der Juden, 2009, aus: Monika Schwarz-Friesel, *Die Sprache der Judenfeindlichkeit im 21. Jahrhundert*)

»Jetzt nehme ich zum ersten Mal den süßlichen Gestank wahr, der in der Luft hängt. In meinem Kopf fügt es sich zusammen. Erst vergasen sie die Menschen, dann verbrennen sie die Leichen ... Die Nazis zwingen Mütter, die für die rechte Seite ausgewählt wurden, ihre Kleinkinder loszulassen. Die Frauen weinen, schreien und flehen. SS-Männer reißen die Kinder aus ihren Händen. Ich kann mit Worten nicht beschreiben, was in mir vorgeht, als ich das sehe. Die Nazis sind keine Menschen mehr. Sie reißen den Müttern ihr Herz aus dem Leib. Sie zeigen keine Regung, wenn sie in die angstvollen, bittenden Kinderaugen sehen. Sie hören die Schreie und zerren weiter an den Kindern. Die Tränen schnüren mir den Hals zu. Es ist, als fühlte ich die Welt untergehen, als stürbe jeder Glaube und jede Hoffnung in diesem Moment. Doch nicht die Kinder, nicht die kleinen Kinder!« (aus: Otto Schwerdt, *Als Gott und die Welt schliefen*)

»Eure Sippe ist weit davon entfernt, etwas Besseres zu sein. Eure Sippe in Israel sind KZ-Wächter. Kein bisschen besser als die dreckigen Nazischweine.« (E-Mail an den Zentralrat der Juden, 20. Juni 2018, aus: Monika Schwarz-Friesel, *Judenhass im Internet*)

»Als wir angetreten waren, stand vor uns ein SS-Offizier, vermutlich ein Arzt. Er fragte uns nach Alter und Beruf, ob man gesund sei, und hat sich unsere Hände zeigen lassen. Die einen mussten nach links, vor allem die Jüngeren. Andere, wie mein 55-jähriger Vater, mussten nach rechts. Ich war damals knapp 23 Jahre alt, Straßenbauarbeiter, gesund und hatte von der Arbeit Schwielen an den Händen. Ich ging also nach links, ebenso meine Brüder Ernst und Edgar. Ich suchte nach meiner Mutter, meiner Frau, meiner Schwä-

gerin und meiner Schwester und fand sie nicht. Viele waren schon in Autos weggebracht worden. Von dem gesamten Transport – es waren tausend Männer, Frauen und Kinder – wurden vorerst nur 155 Männer und 63 Frauen am Leben gelassen. Die anderen wurden noch in derselben Nacht vergast.

Als wir zum ersten Morgenappell angetreten waren, sah ich links von uns hell erleuchteten Stacheldraht mit einer Warntafel daran: Vorsicht Hochspannung! Lebensgefahr! Ich flüsterte meinem Bruder Edgar zu, am besten wäre es, ich gehe zu den Drähten hin und berühre sie – und es ist aus! Da fragte mich mein 17-jähriger Bruder: ›Willst du mich allein lassen?‹ Ich habe mich deshalb geschämt und es seitdem als meine Pflicht angesehen, durchzuhalten und meine jüngeren Brüder zu beschützen.« (aus: Max Mannheimer im *Focus-Online*-Interview am 27. Januar 2015)

»Lieber Zentralrat, Sie sind ja die Institution, die bei geringsten Vorkommnissen in Deutschland mahnend den Finger hebt … Aber ihr, die Juden, die ihr Blut an den Händen habt, Frauen und Kinder umbringt … habt kein Recht, Deutsche zu verurteilen.« (E-Mail an den Zentralrat der Juden, 16. Mai 2018, aus: Monika Schwarz-Friesel, *Judenhass im Internet*)

»Nun bin ich also in der Tiefe. Vergangenheit und Zukunft auszulöschen, lernt man rasch, wenn die Not drängt. Vierzehn Tage nach meiner Einlieferung habe ich schon den regelrechten Hunger, den chronischen Hunger, den die freien Menschen nicht kennen, der nachts Träume hervorruft und der in allen Gliedern unseres Körpers wohnt … Schon habe ich auf meinen Fußrücken die stumpfen Wunden, die nicht heilen werden. Ich schiebe Waggons, ich arbeite mit der Schaufel, ich ermatte im Regen, ich zittere im Wind. Schon ist mein eigener Körper nicht mehr mein: Der Bauch ist gedunsen, die Glieder sind verdorrt, das Gesicht ist am Morgen verschwollen und am Abend ausgehöhlt. Einige von uns haben eine gelbe Haut, andere eine graue; sehen wir uns einmal drei oder vier Tage nicht, erkennen wir uns kaum wieder. Wir Italiener wollten uns jeden Sonntagabend in einem Winkel des Lagers treffen, aber das ließen wir gleich wieder bleiben, denn es war zu traurig, uns nachzuzählen und feststellen zu müssen, dass wir jedes Mal weniger waren und unförmiger und elender von Gestalt. Und es war so mühsam, die wenigen Schritte zu gehen.« (aus: Primo Levi, *Ist das ein Mensch?*)

»Juden sind das größte Elend der Menschheit.« (YouTube, 2018 aus: Monika Schwarz-Friesel, *Judenhass im Internet*)

»Einfach alle umbringen. Das sind alles Teufel.« (YouTube, 2015 aus: Monika Schwarz-Friesel, *Judenhass im Internet*)

»(SS-Hauptsturmführer Wilhelm) Kunde konnte sich eine lebende Zeugin seines Fehltritts nicht erlauben. Kunde zog seine Waffe. Kunde stellte sich hinter sie. Kunde hob die Pistole hoch über seinen Kopf. Kunde schlug zu. Mit einem einzigen Hieb seines Pistolengriffs zerschmetterte er ihren Schädel. Meine Mutter gab keinen Laut von sich. Sie sackte zusammen, glitt vom Stuhl, ihr Körper fiel auf den Boden … Kunde drehte sich zu mir um, als ob er von meiner Gegenwart gerade erst Notiz nähme. ›Jetzt bist Du an der Reihe, Du kleines Judenschweinchen … Leg Dich auf den Boden.‹ Ich tat, wie er befahl. ›Näher an Deine stinkende Jüdin.‹

Ich bewegte mich. Zu meiner Linken fühlte ich die Körperwärme meiner Mutter. Sie atmete schon nicht mehr, aber ihr Körper täuschte mich. ›Mutter‹, sagte ich flüsternd, und erst als ich keine Antwort bekam, begriff ich, dass ich nie wieder ihre Stimme hören würde. Ihr Körper lag auf der Seite, ihr Gesicht war mir zugekehrt, es war kein Zeichen von Gewalt in ihm, nur das Blut hatte ihre Wangen verlassen. Sie waren aschfahl …

Kunde setzte seinen Fuß auf meinen Bauch, drückte zu und beobachtete meine Reaktion. Vor Schmerz traten meine Augen aus den Höhlen. Kunde lächelte zufrieden. ›Tut es weh‹, fragte er in einem falschen, besorgten Ton. Ich nickte. Er zielte mit seiner Pistole auf mich. ›Ich werde dafür sorgen, dass es nicht zu lange dauert‹, tröstete er.

Ich schloss meine Augen. Die Sekunden verstrichen; der Puls an meinem Handgelenk jagte. Einen Augenblick vorher hatte ich meine Mutter sterben sehen; sie hatte nicht geschrien, nicht gestöhnt, und ihr Gesicht war nicht verzerrt. Ein unerwünschter Gedanke schoß mir durch den Kopf: Der Tod schmerzt nicht. Ich öffnete meine Augen. Kunde schien seine Pistole mit der Hand zu wiegen, nachdem er sie ins Halfter zurückgesteckt hatte, und lachte schallend. ›Ihr seid alle Ratten. Steh auf!‹

Ich erhob mich auf allen vieren, um seinen Befehl auszuführen, und dann trat er mir in den Hintern. Ich fiel direkt über die Leiche meiner Mutter. Aus

Gründen, die ich nie verstehen werde, verlor er plötzlich das Interesse an mir und verließ mit schnellen Schritten den Raum ... Gegen Abend (...) wurde meine Mutter abgeholt. Es ist mir nie gelungen, ihr Grab zu finden.« (aus: Roman Frister, *Die Mütze oder Der Preis des Lebens*)

»Hitler und die Nazis sind nur ein Vogelschiss in über tausend Jahren erfolgreicher deutscher Geschichte.« (Alexander Gauland, AfD, 2. Juni 2018)

»Ist es wirklich vorbei? Müssen wir keine Todesangst mehr vor den Deutschen haben? Ich traue mich nicht, es vollkommen zu glauben ... Natürlich bin ich glücklich über unsere Befreiung, natürlich bin ich unseren Rettern dankbar. Doch der Freude über unsere Freiheit stehen meine Ängste und meine unendliche Trauer gegenüber. Ich weiß, dass ich mich selbst nur sehr langsam befreien kann. Ich brauche Zeit. Vielleicht ein Leben lang.

Ich blicke aus dem Fenster im dritten Stock der Kaserne. Ein Güterzug fährt langsam vorbei und hält vor dem Tor von Theresienstadt. Im offenen Viehwagen liegen tote Menschen. Sie haben Häftlingskleidung an. Aus wenigen Waggons sehe ich einzelne Lebende winken. Dieses Bild lässt mich nicht mehr los.« (aus: Otto Schwerdt, *Als Gott und die Welt schliefen*)

DIE VERSAGER

Warum ist der Hass eine so starke Kraft in Deutschland geworden? Wie kommt es, dass Hassprediger und Hasstäter Minderheiten und damit uns alle terrorisieren können? Wie kann es sein, dass wir in Halle und Hanau Zeugen entfesselter antisemitischer und rassistischer Gewalt werden mussten, die wir alle, der Staat und die Sicherheitsbehörden abermals nicht verhindern konnten?

Die Unionspolitikerin Annegret Kramp-Karrenbauer sprach angesichts des Terroranschlags von Halle von einem *»Alarmzeichen, das niemanden in Deutschland unberührt lassen kann.«* Dies war ein Fauxpas, wie er Politikern nicht passieren darf, eine sprachliche Entgleisung, der eine gedankliche Verirrung vorausgegangen sein muss. Denn der Terrorakt von Halle war, verehrte Frau Ministerin, kein »Alarmzeichen«, sondern ein tödlicher Anschlag, der nur möglich geworden ist, weil viele Alarmzeichen vorher nicht ernst genommen wurden – gerade von Politikerinnen und Politikern nicht.

Ein Alarmzeichen ist es jedoch und in gleichem Maße ein Armutszeugnis, wenn man im Land der Mörder von einst nicht in der Lage ist, Juden und andere Minderheiten vor Antisemiten und Rassisten zu schützen. Es beruhigt die Verfolgten nicht, jedes Mal aufs Neue die gleichen Reden mit den wohlgesetzten Worten zu hören, in denen die Taten aufs Schärfste verurteilt werden. Lippenbekenntnisse wie diese sind das Kennzeichen eines schwachen Staates, der Worten keine Taten folgen lässt. Wer wollte Bundeskanzlerin Merkel widersprechen, wenn sie sagt, dass Rassismus und Hass *»ein Gift«* seien, das Schuld an schon viel zu vielen Verbrechen habe.

Dies ist das Eingeständnis, dass der Staat versagt hat. Unsere Politiker müssen sich die Frage gefallen lassen, wie es sein kann, dass sie ein Virus entschlossener bekämpfen als Rassismus und Antisemitismus.

Das Versagen unseres Staates, seine Minderheiten zu schützen und ihnen damit ein Gefühl der Sicherheit zu geben, ist auf mehreren Ebenen zu beobachten. Offensichtlich ist unsere Demokratie nicht wehrhaft genug und kommt ihrer Pflicht, den Schutz ihrer Bürgerinnen und Bürger zu garantieren, nicht in ausreichendem Maß nach. Es kann nicht oft genug gesagt werden: An Jom Kippur waren jüdische Frauen und Männer in der Synagoge von Halle ohne Polizeischutz einem Terroristen ausgeliefert und sind nur knapp dem Tod entronnen. Trotz aller anschließenden Versuche der Rechtfertigung war dies eine Unterlassung, für die es keine Entschuldigung gibt. Es muss uns zu denken geben, wenn ein besonnener Mann wie Josef Schuster auf Twitter so deutliche Worte findet: »*Dass die #Synagoge in Halle an einem Feiertag wie Jom Kippur nicht durch die Polizei geschützt war, ist skandalös. Diese Fahrlässigkeit hat sich jetzt bitter gerächt. Wie durch ein Wunder ist nicht noch mehr Unheil geschehen.*«

In der Bundesrepublik und ihren Institutionen ist man keineswegs »auf dem rechten Auge blind«, wie das von interessierter politischer Seite allzu gern behauptet wird. Doch getrübt war der Blick auf den Rechtsterrorismus durchaus. Erinnern wir uns daran, wie die Behörden nach dem Auffliegen des NSU reagierten: Sie hätten sich nicht vorstellen können, dass es am rechten Rand zu Mordtaten kommen könne. Wie ist eine solche Fehleinschätzung zu erklären, wenn die Verfassungsschützer den Tätern doch sehr nah waren? Und wie war das nach dem Mord an Walter Lübcke im Sommer 2019? Sind hier etwa Informationen über den mutmaßlichen Täter schnell und umfassend auf den Tisch gekommen? Auch das ist Staatsversagen!

Während sich die für die Sicherheit unseres Landes zuständigen Dienste und Behörden in den zurückliegenden Jahren vor allem – und zu Recht – auf die Bekämpfung des islamistischen Terrors konzentrierten, ist ihnen augenscheinlich entgangen, welche Gefahr sich von rechts zusammenbraute. Eine wachsende Zahl von Experten vergleicht Ausmaß und Gefahr des Rechtsextremismus mit dem linksextremistischen Terror der Rote-Armee-Fraktion in den Siebzigerjahren. Ich frage mich, ob diese neue

Gefahr nicht sogar noch größer ist als der Linksterror vor fast fünf Jahrzehnten. Es hat einfach zu lange gedauert, bis unsere Sicherheitsdienste und Politiker das ganze Ausmaß dieser Entwicklung erkannt haben: ein globales Netzwerk, in dem sich Nazis, Rassisten und Verschwörungstheoretiker wahnhaft verknüpfen und zu immer neuen Taten anstacheln.

Zwar hat die Gefahr, die von rechten Terroristen ausgeht, das Bewusstsein der meisten unserer Politikerinnen und Politiker erreicht, doch der Erkenntnis folgen noch längst nicht die notwendigen Taten – womit eine weitere Ebene des Versagens identifiziert ist. Die wehrhafte Demokratie, die den Schutz der in ihr lebenden Menschen zu garantieren hat, ist zu einer schwachen Demokratie verkommen. Viele unserer Politiker verteidigen die Minderheiten in diesem Land nicht mit der notwendigen Entschlossenheit.

Karl Popper, der Lieblingsphilosoph des ehemaligen Bundeskanzlers Helmut Schmidt, hat einen kategorischen Satz geprägt, der heute aber in Vergessenheit geraten ist: »*Unsere Toleranz hat dort ihre Grenze zu finden, wo sie auf die Intoleranz der anderen stößt.*« Dieses Land, das die Welt in Schutt und Asche gelegt und sechs Millionen Juden gemeuchelt hat, versagt im Kampf gegen Antisemiten und Rassisten. Dabei müsste doch größte Entschlossenheit gegen Neonazis und Rechtsextreme Staatsaufgabe Nummer eins sein! Doch davon sind wir weit entfernt.

Obwohl es an Einsicht inzwischen nicht mehr fehlt: So geben Bundestagspräsident Wolfgang Schäuble wie Innenminister Horst Seehofer inzwischen ohne Umschweife zu, dass man die Gefahr, die vom Rechtsextremismus ausgeht, zu lange unterschätzt habe. Diese Unterlassung hat zwangsläufig dazu geführt, dass Staat und Sicherheitsdienste gegenüber den Rechtsextremisten massiv ins Hintertreffen geraten sind. Trotz allmählicher personeller, finanzieller und technischer Nachrüstung habe ich starke Zweifel, ob dieser Rückstand schnell aufzuholen sein wird. Man muss es noch deutlicher sagen: Trotz eines allmählich wachsenden neuen Bewusstseins, trotz mehr Personal und trotz verbesserter Methoden der Bekämpfung gibt es leider noch immer keine schlüssige Antwort der Politik. Die Verantwortlichen haben in mehrfacher Weise versagt. Was heißt »haben«? Sie versagen noch immer. Sie versagen, weil sie den Nährboden rechter Gewalt bis zum heutigen Tag nicht trockengelegt haben. Sie versagen, weil sie im digitalen Zeitalter die Spuren im Chat nicht so lesen können, dass sie in die Lage versetzt werden, die Pläne der Täter zu entschlüsseln. Auch fehlt die Erkenntnis, dass Attentäter wie in Halle oder Hanau zwar auf den ersten Blick als verwirrte Einzeltäter erscheinen mögen, in Wirklichkeit jedoch eingebettet sind in ein globales Netzwerk Gleichgesinnter. Die Einzeltäterperspektive ist – obwohl alles gegen sie spricht – bedauerlicherweise noch immer nicht überwunden.

Es darf doch nicht sein, dass Sorge und Verunsicherung der Menschen, die zu einer Minderheit, aber zu uns gehören, von Monat zu Monat und von Jahr zu Jahr wachsen und sich nach jeder Tat zu einem neuen Angstzustand verdichten. Dabei wäre es ein abermaliges Versagen unserer Politik, wenn angesichts der Bedrohung durch den Rechtsextremismus der Blick auf den islamistisch motivierten oder auf den inzwischen zum deutschen Alltag gehörenden Antisemitismus aus der Mitte unserer Gesellschaft verstellt würde.

Ein Staat, der zulässt, dass Judenfeindschaft wieder gesellschaftsfähig geworden ist, versagt. Ein Staat, der die Ausdrucksformen, die Zeichen der Angreifer nicht zu lesen in der Lage ist, dem ihr Denken und ihre Sprache verschlossen bleiben, versagt. Ein Staat, der es nicht schafft, die globale Bedrohung durch Antisemiten, gleich woher sie kommen, in internationaler Zusammenarbeit zu bekämpfen, versagt. Ein Staat versagt, der Monat für Monat Dutzende antisemitischer Übergriffe zulässt, der nicht bemerkt oder nicht bemerken will, dass auf deutschen Straßen israelfeindliche Kundgebungen zu offener Judenfeindlichkeit entarten. Ein Staat versagt, dessen Männer und Frauen an der Spitze es zulassen, dass in deutschen Städten Palästinenser die Flagge Israels mit dem Davidstern verbrennen, dass Rapper im Namen der Kunst ihre entsetzliche antisemitische Agitation auf der Bühne und damit in aller Öffentlichkeit treiben. Wer erinnert sich nicht an das Frühjahr 2018, als man den *Echo*-Musikpreis an die Rapper Kollegah und Farid Bang verlieh. Es war kaum zu glauben, aber leider wahr: Die Auszeichnung erhielten sie für ein Album, das Textzeilen enthielt wie: »*Mein Körper definierter als Auschwitzinsassen*« und »*Mache wieder mal 'nen Holocaust, komm an mit dem Molotow.*«

Welche Geisteshaltung – um nicht zu sagen Geistesverwirrung – konnte bei den Verantwortlichen dazu führen, einen so prominenten Musikpreis für diese entsetzliche Entgleisung zu vergeben? Ich fasse es nicht und bin heute noch genauso wütend wie damals. Am 15. April 2018 schrieb ich auf Twitter: »*Die Antisemiten werden immer schamloser. Jetzt sind sie in der Musikbranche. Wo ist die Stimme der Anständigen?*« Und am 16. April fügte ich hinzu: »*Warum schweigt die Mehrheit nach dem antisemitischen Rapmusik-Angriff? Wo bleibt die Demo, wo die Lichterkette? Ärmlich!*«

Ich frage mich, wie es um ein Deutschland bestellt ist, dessen politisches Spitzenpersonal den staatlich verordneten Antisemitismus eines anderen Landes toleriert. Die Geschichte geht so: Ein in Deutschland lebender Israeli bucht im Internet bei Kuwait Airways ein Ticket für die Flugstrecke von Frankfurt über Kuwait nach Bangkok. Die Fluggesellschaft weigert sich, den Mann an Bord zu nehmen, und beruft sich dabei auf das Boykottgesetz des Wüstenstaates aus dem Jahr 1964. Der Mann will das nicht glauben, will es wissen und zieht vor Gericht. Die erste Niederlage erleidet er 2017 vor dem Landgericht Frankfurt. Als er beim Oberlandesgericht Frankfurt in die Berufung geht, scheitert er ein zweites Mal. Seine Klage wird auch hier abgewiesen.

Manche Urteile wenden sich gegen die Richter, die sie fällen. Die Urteile von Frankfurt gehören zweifellos dazu – und es sind bedauerlicherweise nicht die einzigen. Mögen die Urteile der Richter im streng juristischen Sinn auch nicht anfechtbar sein, so lassen sie den besonderen Blick auf unsere deutsche Geschichte ebenso vermissen wie die Empathie gegenüber Menschen, die sich und uns voller Sorge fragen, ob es die richtige Entscheidung war, in dieses Land zurückzukehren. Der stark verengte Blickwinkel der juristischen Brille ließ es ganz offensichtlich nicht zu, die kuwaitische Haltung als das wahrzunehmen, was sie ist: Der Staat Kuwait hat die Diskriminierung von Juden vor mehr als einem halben Jahrhundert zum Gesetz erhoben, das noch heute absurde Gültigkeit hat. Dem sollte jedoch kein Gericht der Welt folgen, vor allem kein deutsches Gericht! In einem Punkt ist den »Recht-Sprechern« allerdings recht zu geben – dort nämlich, wo sie sagen: Auf eine Änderung des Boykottgesetzes Kuwaits aus dem Jahr 1964 zu dringen, sei keine Aufgabe der Gerichte, sondern der Politik, in besonderem Maße der Außenpolitik. Das stimmt. Wir haben es in diesem Fall mit einem Justizversagen, aber genauso mit einem Politikversagen zu tun. Eine Regierung, deren Mitglieder bei jeder Gelegenheit voller

Pathos beteuern, fest an der Seite Israels und der Juden zu stehen, muss der Regierung in Kuwait und ihrem staatlichen Flugunternehmen in aller Deutlichkeit klarmachen, dass Berlin den Staatsantisemiten alle weiteren Luftverkehrsrechte verweigern und die Fluglinie in Deutschland nicht weiter wachsen und keine neuen Ziele anfliegen lassen wird. Dieser Klartext von deutschen Ministern fehlt. Nulltoleranz für Antisemiten in staatlichem Auftrag!

Aber noch einmal zurück zum Justizversagen. Das Beispiel aus Frankfurt ist kein Einzelfall. Scheitert die Verfolgung antisemitischer Straftaten daran, dass diese von den Ermittlern einfach nicht erkannt werden, wie Felix Klein, der Antisemitismusbeauftragte der Bundesregierung, vermutet? Erkennt man die Gefahr wirklich nicht oder will man sie nicht erkennen? Ich will nicht behaupten, dass sich unsere Richter und Staatsanwälte generell mit dem Thema Antisemitismus schwertun. Allerdings nehmen wir gerade in den letzten Jahren eine wachsende Zahl von juristischen Entscheidungen wahr, die einen nur mehr sprachlos machen.

Ich erinnere mich noch sehr gut, was vor der Europawahl 2019 in einer kleinen Stadt in der Nähe von Köln geschah. Es war in Kerpen, knapp 70 000 Einwohner, wo eine rechtsextreme völkische Partei, die sich »Die Rechte« nennt, mit dem Slogan »*Israel ist unser Unglück! Schluss damit!*« Wahlkampf machte. Die zuständige Staatsanwaltschaft sah weg und dachte nicht daran, Ermittlungen aufzunehmen. Nein, das sei keine Volksverhetzung, meinte der Staatsanwalt. Schließlich haben die rechten Agitatoren ja nur (!) Israel als Unglück bezeichnet, nicht dagegen die Juden.

Die Damen und Herren Staatsanwälte werden bei der Bearbeitung dieses Falles wohl auch die Geschichtsbücher bemüht und bei ihrem Studium entdeckt haben, dass die NS-Propaganda »*Die Juden sind unser Unglück*« ab 1933 auf den Schaukästen des *Stürmers*, dem Hetzblatt der Nazis, prangte. Natürlich handelt es sich bei diesem Wahlslogan um puren Antisemitismus, um was denn sonst? Natürlich agierte man auch in diesem Fall nach dem altbekannten Prinzip: Nehmt euch Israel als Gegner vor, dann dauert es eine Weile, bis man merkt, dass ihr die Juden meint. Vielleicht, ziemlich sicher sogar, ist die Haltung der Juristen auch in diesem Fall formal nicht zu beanstanden. Ich meine allerdings, das Recht hat neben den

Buchstaben des Gesetzes noch eine andere Dimension. Sie fehlt mir hier – und deshalb bleibt ein bitterer Nachgeschmack.

Kennen Sie die »Judensau«? Dieses Unwort wird von randalierenden Antisemiten gern und oft verwendet, um in blindwütigem Hass jüdische Grabmäler und Gebäude zu schänden. Von solchen Straftaten und ihrer Verfolgung beziehungsweise Nichtverfolgung soll hier nicht die Rede sein – sie böten genügend Stoff für ein eigenes Kapitel. Uns beschäftigt vielmehr die historische Darstellung dieses antisemitischen Symbols aus dem Hochmittelalter.

Auf Skulpturen und Steinreliefs ist stets das gleiche Motiv zu sehen: Ein Rabbiner hebt den Schwanz einer Sau und man erkennt andere Juden, die an den Zitzen des nach jüdischem Glauben unreinen Tieres saugen. Solche in Stein gemeißelten Abbildungen waren und sind in zwanzig deutschen Kirchen zu besichtigen, zum Beispiel in Köln, Magdeburg und Regensburg. Diese Städte standen auch für die Verfolgung und Vertreibung der jüdischen Bevölkerung im Mittelalter. Die Schmähplastik der Judensau hängt ebenfalls an der Stadtkirche von Wittenberg, in der einst der Reformator und Antisemit Martin Luther wortgewaltig predigte und die Kirchenwelt auf den Kopf stellte.

2018 wurde der Fall justiziabel. Ein Mitglied der Jüdischen Gemeinde klagte und wollte erreichen, dass das 700 Jahre alte Relief entfernt wird. Der Kläger unterlag, erst beim Landgericht und schließlich in der nächsten Instanz beim Oberlandesgericht. Wie meinten die Richter? Es bestehe kein »Beseitigungsanspruch« des Klägers. Welch ein Unwort! Die reine Existenz des Bildes könne noch lange nicht als Missachtung oder Gefühlsverletzung von in Deutschland lebenden Juden verstanden werden. Nein, wirklich nicht? Wollen sich die verehrten Juristen nur für einen Moment in die emotionale Situation eines Juden versetzen, der dieses Bild betrachtet? Den Richtern des Oberlandesgerichts ist allerdings zugutezuhalten, dass sie eine Revision der Klage beim Bundesgerichtshof in Karlsruhe zugelassen haben.

Die Entscheidungen der Gerichte sind für mich nicht nachvollziehbar, weil sie auf das Empfinden von Menschen jüdischen Glaubens keine Rücksicht nehmen. Stattdessen wird darauf verwiesen, dass man sich in guter Gesellschaft der Kirche befinde, die ja auch gegen die Entfernung des umstrittenen Reliefs sei. Warum, so fragt man sich jenseits des Richterspruches schon, ist dieser Schandfleck nicht längst ins Museum gewandert, als abschreckendes Beispiel, aber auch als historisches Dokument eines bereits im Mittelalter entstandenen Motivs des christlichen Antijudaismus?

Ich weiß, dass man sich die Diskussion um die Judensau in Wittenberg nicht leicht macht. Man hat eine Informationssäule zur historischen Einordnung eingerichtet. Der Stadtkirchenpfarrer nennt das Relief »ein furchtbares Erbe«, das er jedoch nicht verbergen will. Auch der Historiker Michael Wolffsohn sieht in der Plastik eine »perverse Sauerei«, mit der man sich im historischen Kontext inhaltlich auseinandersetzen müsse, sie aber nicht verstecken solle. Man merkt – niemand fühlt sich richtig wohl mit dieser Judensau. Ich habe hier eine eindeutige Haltung: Man kann sich die Sau nicht schönreden. Weil sie die Gefühle von Juden verletzt, gehört sie weg. Nicht nur in Wittenberg!

Ich bin entschieden der Meinung, dass die Rolle von Richtern und Staatsanwälten diskutiert werden muss, wenn es um Antisemitismus in Deutschland geht. Täuscht der Eindruck oder plädieren sie auf der Suche nach einem Tatmotiv im Zweifel *gegen* einen antisemitischen Beweggrund, weil nicht sein kann, was nicht sein darf? Oder weil sie tatsächlich nicht erkennen, was sie erkennen müssten? Ich meine, unsere besondere deutsche Geschichte und unsere besondere deutsche Gegenwart sind bei Ermittlung und Urteil zu berücksichtigen – mehr und anders zu berücksichtigen als bisher.

Es muss uns doch hellhörig machen, wenn der Präsident des Zentralrates der Juden in Deutschland in vorher nie gehörter Deutlichkeit sagt: *»Die Justiz scheint bei antisemitischen Straftaten mitunter geradezu strafmildernde Umstände zu suchen. Das ist mein Eindruck. Aber so schreckt man nicht ab.«* Josef Schuster sieht ein *»ganz erhebliches Defizit bei der Justiz«*, den Antisemitismus in Deutschland entschieden genug zu bekämpfen. In einem *Spiegel*-Interview vom Dezember 2019 antwortet Schuster auf die Frage, ob es unserer Justiz am Willen mangele, Antisemitismus zu verfolgen: *»Ich kann mich des Eindrucks nicht erwehren, dass auf dem rechten Auge bei der Justiz eine Sehschwäche vorliegt.«*

Deutsche Journalisten sind fest davon überzeugt, die Themen Antisemitismus und Israel mit guter und bester Absicht zu bearbeiten. Das Dilemma ist jedoch, dass noch immer zu wenige Redakteure, Reporter oder Autoren über fundierte Kenntnisse verfügen. Allerdings gilt es zu differenzieren: Der Holocaust ist das Thema, mit dem sich Journalisten hierzulande in aller Regel intensiv befassen. Entsprechend tief ist daher das Wissen der meisten.

Ganz anders sieht es mit der Geschichte des Judentums aus und mit dem jüdischen Alltagsleben in unserer Gesellschaft. Hier klafft noch manch große Lücke der Erkenntnis. Journalisten wie Stefan Meining vom Bayerischen Rundfunk bilden mit ihrem enormen Fachwissen die große Ausnahme.

Es ist im Umgang mit den Themen Judentum, Antisemitismus oder Israel nicht anders als bei den meisten anderen Sujets. Teilwissen führt dazu,

1. dass nur berichtet wird, wenn es einen starken aktuellen Anlass gibt, so wie in Halle.
2. dass die journalistische Behandlung in vielen Medienformaten an der Oberfläche bleibt und nicht in die Tiefe geht.
3. Und wenn es um Berichte über und aus Israel geht? Da reihen sich deutsche Journalisten gern in die globale Formation von Berichterstattern ein, die eine israelkritische Haltung einnehmen.

Ich kenne keinen Beruf, in dem man sich so sehr an der Arbeit der Konkurrenz orientiert. Diese journalistische Kopierspirale führt zu einem vor allem von den meinungsbildenden Leitmedien erzeugten fatalen Mainstream in der Berichterstattung, die abweichende Standpunkte kaum mehr möglich macht. Eigentlich müsste man davon ausgehen, dass ein besonders differenziertes Bild die Berichterstattung aus Israel prägt, denn aus keinem Land der Welt dieser Größenordnung berichten so viele Korrespondenten in ihre Heimatländer. Doch das Gegenteil ist der Fall. Auf einen Nenner gebracht ist die stereotypische Sichtweise der überwiegenden Zahl der aus Israel berichtenden Korrespondenten auf folgende Formel zu bringen: Das Verhalten Israels gegenüber den Palästinensern unterscheidet sich nicht von dem der Nazis im Dritten Reich gegenüber den Juden. Ohne Israel gäbe es längst Frieden in Nahost, vermitteln deutsche und europäische Journalisten.

Während meiner Zeit als Fernsehchefredakteur des Bayerischen Rundfunks, der für den Korrespondentenplatz Tel Aviv verantwortlich war, haben wir gemeinsam mit den aus unserem Haus nach Israel entsandten Korrespondenten stets versucht, das ganze Bild der Wirklichkeit zu zeigen und damit unseren Weg der Berichterstattung zu gehen. Uns kann Wolf Biermann nicht gemeint haben, als er im Zusammenhang mit dem Israelbild in den Medien in der *ZEIT* vom 26. Oktober 2006 schrieb: »*Was mich anwidert, ist die großmäulige Besserwisserei der Wenigwisser in Europa gegenüber dem Nahostkonflikt.*«

Wenn die Nahost-Berichterstattung der Massenmedien über Jahre hinweg einseitig und emotional erfolgt, beeinflusst dies die Rezipienten und prägt deren Bild von Israel in einseitiger Weise.

FEINDE,
NICHTS ALS FEINDE

Israel ist umgeben von Feinden, die offen die Vernichtung des Judenstaates fordern. Die Zerstörungsrhetorik aus Teheran oder aus etlichen Hauptstädten der arabischen Welt beherrscht immer wieder die Schlagzeilen und ist daher vielen von uns bekannt. Daneben gibt es andere Formen der Zerstörung. Man nennt sie Boykott. Die Judenboykotte haben eine unselige Tradition in der Geschichte des Antisemitismus. Der Boykott von heute besteht aus drei Buchstaben, die den meisten Deutschen aufgrund ihres unterentwickelten Interesses am Thema nichts sagen: BDS steht für »Boykott, Desinvestitionen und Sanktionen«.

Ziel dieser internationalen politischen Bewegung ist es, den Staat Israel in die Isolierung zu treiben – politisch, wirtschaftlich, kulturell, um die palästinensische Sache zu unterstützen. Die Bewegung wurde 2005 gegründet und hat viele Unterstützer, auch Prominente wie den französischen Regisseur Jean-Luc Godard. Judith Butler, Professorin an der University of California in Berkeley, flankiert die Bewegung von wissenschaftlicher Seite. Die Anhänger der BDS-Kampagne haben sich das Ziel gesetzt, die Interessen der Palästinenser zu vertreten und Israel weltweit an den Pranger zu stellen.

Ihre Mittel sind ebenso maßlos wie geschichtsvergessen. Auf Musiker wird Druck ausgeübt, nicht in Israel aufzutreten. Unternehmer werden bedrängt, auf keinen Fall im Staat der Juden zu investieren. Wir alle, die Kunden, die Verbraucher, sollen keine Erzeugnisse aus dem Land kaufen.

Es ist unglaublich, aber wahr: Die BDS-Aktivisten konnten fünfzehn Jahre wirken, ohne dass sie mit der – historischen – Wahrheit konfrontiert wurden. Die »Don't Buy«-Aufkleber der BDS-Bewegung auf israelischen Produkten erinnern an die dunkelste Phase der deutschen Geschichte. Sie wecken unweigerlich Erinnerungen an die NS-Parolen »*Deutsche! Wehrt euch! Kauft nicht bei Juden!*« und an den Boykott jüdischer Geschäfte 1933. Die Bewegung mit den drei Buchstaben betreibt nicht den Boykott Israels, sondern den Boykott der Juden! Sie ist antisemitisch. Man muss es nicht nur denken, man muss es auch sagen.

Doch auch Worte reichen nicht. Die Bewegung ist im Laufe der Jahre so stark geworden, dass man etwas tun, dass man ihr die Grenzen zeigen muss. In diesem Fall ist das Bewusstsein von Politikern und Sicherheitsbehörden in Deutschland geschärft. Die Chefs der Nachrichtendienste haben die Bewegung im Blick. Im Mai 2019 haben die Abgeordneten des Deutschen Bundestags die BDS als antisemitisch verurteilt. Es handelte sich um einen Antrag von Union, SPD, FDP und Bündnis 90/Die Grünen mit dem Titel: *Der BDS-Bewegung entschlossen entgegentreten – Antisemitismus bekämpfen.* Damit einigte sich die Mehrheit des Bundestags darauf, der Boykott-Bewegung den Geldhahn zuzudrehen. Dieser Schritt der Abgeordneten war ein starkes Zeichen und längst fällig – getragen von einer breiten Mehrheit trotz abweichender Meinungen, wie sie zu einer Demokratie gehören. Es wäre wünschenswert, wenn das Signal aus Berlin in Brüssel und damit in ganz Europa Gehör finden würde. Die Bereitschaft hierfür halte ich jedoch für nicht sehr hoch. Israel hat in Europa und in der Welt nicht viele Freunde.

Das zeigt ein Blick auf die Vereinten Nationen. Die UN haben bei der Bundesregierung die Entscheidung der deutschen Parlamentarier in Sachen BDS aufs Schärfste gerügt. Darüber muss man nicht überrascht sein. Die Wahrheit ist, dass kein anderer Staat bei den Vereinten Nationen so oft am Pranger steht wie Israel. Die UN und zahlreiche ihrer Unterorganisationen lassen seit Jahrzehnten keine Gelegenheit aus, Israel als einen verbrecherischen Staat darzustellen. In den Resolutionen des UN-Menschenrechtsrates wurde Israel häufiger verurteilt als alle anderen Länder dieser Welt zusammen. Es ist keine Frage, dass sich die Vereinten Nationen im Laufe der Jahrzehnte immer mehr zum Sprachrohr antisemitischer politischer Bestrebungen entwickelt haben. An der Spitze dieser Bewegung gegen die einzige Demokratie des Nahen Ostens standen und stehen solche Mitgliedsstaaten, die selbst massiv gegen die Menschenrechte verstoßen – Diktaturen und Unrechtsstaaten.

Da passt es nur ins Bild, das deutsche Parlament anzugreifen, das ein unerwartet klares Zeichen gegen Antisemitismus gesetzt hat. Die Begründung für die Verurteilung durch die UN muss man sich auf der Zunge zergehen lassen: Es sei doch tatsächlich eine Einschränkung der Meinungsfreiheit, die antisemitische BDS auch so zu nennen – »antisemitisch«. Der Vorwurf ist absurd, doch fast muss man den Absendern für ihre Reaktion dankbar sein, zeigt sie doch erneut, welch böses Spiel die Feinde der Juden selbst in internationalen politischen Organisationen treiben.

Es ist an der Zeit, unserem lückenhaften Gedächtnis auf die Sprünge zu helfen und uns zu erinnern, dass seit seiner Staatsgründung kein Tag vergangen ist, an dem sich Israel nicht gegen seine Feinde verteidigen, an dem das kleine Land nicht ums Überleben kämpfen musste. Wen das noch immer nicht überzeugt, dass Israel kein Aggressor ist, sondern im permanenten Zustand der Selbstverteidigung lebt, der stelle sich einfach vor, welches Gefühl es für die Menschen in Tel Aviv oder Jerusalem sein muss, mit Freunden einen Kaffee zu trinken und stets im Falle eines Raketenangriffs den schnellsten Weg zum Bunker im Hinterkopf zu haben. Daher ist es durchaus erfreulich, dass der deutsche Außenminister Heiko Maas anlässlich des 70. Jahrestags der Aufnahme Israels in die Vereinten Nationen die miserable Behandlung des Landes in den UN-Gremien beklagte. Israel werde dort »*in unangemessener Form angeprangert, einseitig behandelt und ausgegrenzt*«.

Maas bezeichnet diesen Zustand als »*schmerzlich und unbefriedigend*«, was in der Diplomatensprache ja durchaus ein deutliches Statement darstellt. Es gipfelt in der über jeden Zweifel erhabenen Feststellung: »*Wir werden auch weiter und auch als nichtständiges Mitglied des Sicherheitsrats der Vereinten Nationen Israels legitime Interessen unterstützen, helfen, seine Präsenz in den Vereinten Nationen zu stärken und uns mit Überzeugung und Nachdruck gegen jeden Versuch stellen, Israel zu isolieren oder zu delegitimieren.*«

Klare Worte aus Berlin, denen es allerdings an Glaubwürdigkeit fehlt, solange Deutschland in Ausschüssen der UN für Resolutionen gegen Israel stimmt. Die wachsweiche Erklärung, wohl besser Entschuldigung aus dem Auswärtigen Amt, man habe auf diese Weise noch Einfluss auf den Text der Beschlüsse nehmen wollen, klingt nicht sehr glaubwürdig.

KEINE WORTE MEHR, TATEN

Es reicht nicht, im Angesicht jeder neuen Tat betroffen zu sein und sich jedes Mal wieder hilflos an den Händen zu fassen. Es reicht nicht, nach jedem Anschlag die gleichen »Nie Wieder«-Reden unserer Politikerinnen und Politiker zu hören – wohlklingend, aber ohne jede Wirkung. Solche Reden sind selbstverständlich, aber sie sind Ersatzhandlungen. Sie drücken Mitgefühl aus, doch sie schaffen kein Gefühl der Sicherheit. Diese »Nie Wieder«-Reden werden wider besseres Wissen gehalten. Sie helfen niemandem. Es sind Pflichtübungen im politischen Alltag. Sie sind genauso nutzlos wie Diskussionen darüber, ob der Begriff »Rasse« in unserem Grundgesetz noch zeitgemäß sei oder nicht.

Ich frage Sie: Was hat all das mit dem Schutz von Minderheiten, von Migranten, von Juden zu tun? Was sagen solche Botschaften der Ohnmacht den Angehörigen und den Freunden der Opfer? Was sagen sie uns, die wir doch alle getroffen werden sollen von den Antisemiten und Rassisten? Sie sagen nichts, sie nützen nichts und sie helfen niemandem. Es geht jetzt darum, dass wir keinen weiteren Tag verlieren, die Antisemiten und Rassisten entschlossen in ihre Schranken zu weisen. Dies wird keine leichte Aufgabe sein, ist doch Judenfeindschaft keine neue Erscheinung unserer Tage, sondern reicht bis in die Antike zurück.

Was uns allerdings heute besonders besorgen muss, ist eine Brutalisierung des Antisemitismus im Netz und auf der Straße, die Juden in Deutschland und Europa tief beunruhigt. Dazu kommt eine dramatisch fortschreitende »Normalisierung« des antijüdischen Sprachgebrauchs bis tief hinein in die Mitte der Gesellschaft. Es ist Zeit, den Worten endlich Taten folgen zu lassen.

1. Der erste Schritt zur Tat ist, das abgenutzte Wort der Solidarität wieder so mit Leben zu erfüllen, dass es diesen Namen auch verdient. Es gibt zu wenig Freundschaftsbeweise für Juden in unserem Land. Wir brauchen keine Gelegenheitssolidarität mit den Frauen, Männern und Kindern jüdischen Glaubens, die im Fadenkreuz der Judenhasser stehen. Was wir brauchen, sind dauerhafte, starke, nicht nachlassende, sichtbare, hörbare, rund um die Uhr vernehmbare Empathie-Beweise für die Jüdinnen und Juden unter uns. Dazu müssen wir unsere Komfortzonen verlassen, unsere Passivität überwinden und unsere schläfrige Zufriedenheit ablegen, die nur sich selber kennt und nicht mehr sensibel ist für Gefahren, die jüdische oder andere Minderheiten bedrohen.

Der Philosoph Karl Popper, der 1937 vor den Nationalsozialisten fliehen musste, warnte: *»Man weiß nicht, was die Zukunft bringt. Es gibt eine Paradoxie im Wohlergehen der Menschheit: Das Wohlergehen der Menschheit beruht auf einer wirklichen Wachsamkeit gegen eine Menge Gefahren, aber das Wohlergehen vernichtet auch die Wachsamkeit. Die Freiheit wird leicht zu etwas Selbstverständlichem.«*

Genauso erbärmlich wie das Virus des Antisemitismus ist das Virus unserer Gleichgültigkeit. Darum geht es, um die Überwindung der Gleichgültigkeit, um den Widerstand gegen die eigene Gleichgültigkeit, wie Bischof Wolfgang Huber, von 2003 bis 2006 Ratsvorsitzender der Evangelischen Kirche in Deutschland, in einem bemerkenswerten Interview mit der *ZEIT* sagt: *»Ich fürchte, es ist durchaus noch nicht allen bewusst, dass der Schutz der Würde anderer Menschen nicht an den Staat delegiert werden kann, sondern uns selbst obliegt.«*

Wir müssen es schaffen, in Deutschland mehr Menschen zu gewinnen, die sich schützend und dauerhaft vor unsere Minderheiten stellen. Jede Minderheit verdient in gleichem Maße unseren Schutz und unsere Zuwendung. An dieser Stelle mag die Frage erlaubt sein, warum es geradezu reflexartig mehr Deutsche zu Pro-Palästina-Demonstrationen zieht als zu Solidaritätskundgebungen für die Juden in unserem

Land und für Israel. Die Täter werden ermutigt von einer Gesellschaft, die sich nicht aufrafft, die sich nicht interessiert, die nicht erschüttert ist, die nicht fest entschlossen gegen die Bedrohung vorgeht. Das ist ein schlimmer Befund – gerade für uns Deutsche. Das müssen wir ändern – sofort. Unsere erste Tat muss heißen: gelebte Solidarität!

2. Die Judenhasser kommen aus ganz unterschiedlichen Richtungen und zeigen sich in verschiedenen Gewändern: Rechtsterroristen und Islamisten, brutale Sprachtäter im Internet, weltweit vernetzte Einzeltäter, die morden, akademische Salontäter, die »Israel« sagen und die Juden meinen, Stammtischbrüder und -schwestern, die feixend die roten Linien verschieben nach dem Motto: Das wird man wohl noch sagen dürfen! Es geht um den sich immer weiter ausbreitenden Antisemitismus des Alltags, in dem jeden Tag die Grenzen ein Stück weiter verschoben werden.

Worte und Sätze, die gestern noch unsagbar und unsäglich erschienen, gelten inzwischen als normal. Die israelische Autorin und Beraterin für politische Kommunikation und Strategie, Melody Sucharewicz, sagt, die Toleranzgrenze der Mitte werde immer elastischer. Was in den Achtzigerjahren noch nicht einmal geflüstert werden konnte, gelte heute als keckes Bonmot. Wissenschaftlich erwiesen und von mir selbst immer wieder erlebt ist die Tatsache, dass Antisemitismus auch unter klugen und gebildeten Leuten weitverbreitet ist. Die Gefahr, die von ihnen ausgeht, ist nicht zu unterschätzen, denn es handelt sich nicht um Gestörte oder Ewiggestrige oder nicht repräsentative Randfiguren, wie Monika Schwarz-Friesel in ihrer aufrüttelnden Untersuchung *Die Sprache der Judenfeindschaft im 21. Jahrhundert* feststellt. Antisemiten des Alltags und der gesellschaftlichen Mitte schreiten immer weiter voran, weil sich ihnen niemand in den Weg stellt. Ihre bizarren Verschwörungstheorien haben gerade in Zeiten von Corona Hochkonjunktur. Wer ist für das Virus verantwortlich? Natürlich die Juden. Wer strebt nach Macht, Reichtum und Weltherrschaft? Natürlich die Juden. Wer beherrscht die Welt des Films und der Finanzen? Natürlich die Juden.

»Antisemitismus ist eine Sprache, die wir alle sprechen, die uns manchmal überkommt, ohne dass wir es wollen oder merken«, sagt die französische Rabbinerin Delphine Horvilleur. Wir sind wieder so weit: Auch Lehrer, Intellektuelle, Journalisten verbreiten antisemitischen Unsinn. Was sie überlegt oder unüberlegt sagen, legt das Fundament für die Taten. Ihre Worte bereiten ihnen kein schlechtes Gewissen. Für ein »Wehret den Anfängen!« ist es längst zu spät. Dafür hat sich das antijüdische Sprachvirus schon zu sehr verbreitet. Aber wir können das Virus bekämpfen, indem wir die Schamlosen nicht gewähren lassen, sondern sie zur Rede und öffentlich an den Pranger stellen.

3. Es fehlt nicht viel. Oft ist es nur ein winziger Schritt vom Wort zur Tat. Es beginnt mit einem »Ich hab ja nichts gegen Juden« und es endet mit Mord. Daher ist es so wichtig, sich ein realistisches Bild vom Ausmaß des Antisemitismus in Deutschland zu machen. Das kann nur geschehen, wenn wir, jeder von uns, ganz genau hinschauen, wenn wir sagen, was ist, und nicht für uns behalten, was wir beobachten: Bedrohung, Beleidigung, Verleumdung, Angriff – oft nur Andeutungen. Strafbar oder nicht strafbar – jede Verfehlung muss benannt werden. Natürlich wird man Antisemitismus, genauso wenig wie Rassismus, nie ausmerzen können, doch man muss alles Menschenmögliche daransetzen, diese Krankheit einzudämmen. Dafür ist es notwendig, sich ein realistisches Bild von der Lage zu machen.

Das war lange Zeit nicht möglich. Jetzt ändert sich etwas. Opfer und Zeugen antijüdischer Vorfälle haben Ansprechpartner. Leider noch nicht überall, aber immerhin schon in Berlin, in Bayern, in Schleswig-Holstein und Brandenburg. RIAS (Recherche- und Informationsstelle Antisemitismus) will dazu ermuntern, alle Vorfälle zu melden. Wir alle – Nichtjuden und Juden – sollen unsere Trägheit überwinden und Erlebnisse zur Anzeige bringen, die unterhalb der Schwelle von Straftaten liegen, aber dennoch für das Sicherheitsgefühl der Jüdinnen und Juden in unserem Land von enormer Bedeutung sind. Ob ein jüdisches Kind in der Schule Beleidigungen zu hören bekommt oder ob Israel als »Apartheidstaat« bezeichnet wird – dafür gibt es jetzt einen Anlaufpunkt, wo alles registriert und dokumentiert wird. Damit bewegen wir uns nicht mehr länger im Ungefähren, sondern machen die Dimension des Antisemitismus sichtbar, reduzieren seine Dunkelziffer und sensibilisieren für seine unterschiedlichen Gesichter.

Wie ich aus vielen Gesprächen weiß, ist der Vertrauensschutz dabei ein ganz wichtiger Aspekt. Wenn Sie einen Vorfall melden, entscheiden Sie, wie die Meldestelle damit umgeht: anonym oder öffentlich. Die Übergriffe in aller Deutlichkeit öffentlich zu machen, ist immer die bessere Alternative, denn auf diese Weise erhalten sie die Aufmerksamkeit von Politik, Behörden, Medien und Zivilgesellschaft. RIAS verstehe ich als Ermunterung, ja als Aufforderung. Zunächst einmal an Jüdinnen und Juden, die Erfahrungen mit Antisemiten gemacht haben, diese jedoch für sich behalten, weil sie sich scheuen, zur Polizei zu gehen, oder weil sie angesichts der Anfeindung sprachlos und entsetzt waren. Das Schweigen der Opfer hat jedoch auch damit zu tun, dass sie es oft mit einer empathielosen oder ressentimentgeladenen Umgebung zu tun haben. Gerade weil jedoch die Gesellschaft Antisemitismus oft nicht ernst nimmt oder nicht erkennt, sind diese persönlichen Erfahrungen und nach Möglichkeit der offene Umgang damit von so enormer Bedeutung, um dem Antisemitismus Paroli zu bieten. RIAS ist eine ausgezeichnete Sache, ein Platz, der dem Alltagsantisemitismus ein Gesicht gibt. Dazu bedarf es mehr Geld, mehr Personal und vor allem einer flächendeckenden Einrichtung dieser starken und mutmachenden Initiative. RIAS bringt ans Licht, was lange im Dunkeln lag.

4. Demonstrationen schaden nicht. »Nie Wieder«-Reden schaden auch nicht. Aber wir brauchen sie nicht wirklich. Es sind Pflichtübungen. Sie lösen kein Problem. Sie halten keinen Antisemiten und keinen Rassisten von der Tat ab. Halle und Hanau haben uns den schwachen Staat vor Augen geführt. Die Repräsentanten unseres Staates bildeten beide Male eine Zusammenkunft betroffener Ratlosigkeit. Ein wehrhafter Staat sieht anders aus. Seitdem hat sich, das sei unbestritten, manches getan. Bei der Polizei, in den Sicherheitsdiensten, im Bewusstsein der Politiker. Aber das ist nicht genug.

Wir haben es in diesem Land zu lange zu weit kommen lassen. Antisemitismus und Fremdenfeindlichkeit haben sich in den vergangenen Jahren breitmachen können, ohne dass ihnen entschieden Einhalt geboten wurde. Es fehlt nicht an Freundschaftsbekundungen gegenüber Israel und den Juden. Aber es fehlt an einem durchdachten strategischen Konzept zur Bekämpfung des Antisemitismus in Deutschland. Es fehlt die klare Ansage »Whatever it takes«. Das Virus Antisemitismus ist tödlicher als Corona. Es hat sich zwar manches verbessert, doch die Budgets reichen noch immer nicht aus. Die Kanzlerin und ihre Minister haben sich mehrmals in der Woche im Krisenkabinett zu Covid-19 getroffen. Es wäre schon ein Fortschritt, wenn Antisemitismus und Rassismus als wöchentlicher Tagesordnungspunkt auf der Agenda des Bundeskabinetts stünden. Eine wirkliche, eine starke Antwort der Politik steht trotz einiger sinnvoller Einzelmaßnahmen noch aus. Michel Friedmann stellt die naheliegende Frage: Warum nicht dieselbe Radikalität des Staates wie bei der Bekämpfung der Rote-Armee-Fraktion?

Es ist manchmal ganz einfach, ein Problem zu beschreiben. »Wo war die Polizei?«, fragte Ronald Lauder, der Vorsitzende des Jüdischen Weltkongresses, bei seinem Besuch der Synagoge von Halle immer wieder. »Sie war nicht da«, antwortete der Vorsteher der jüdischen Gemeinde. Nach Einschätzung des BKA stellte die jüdische Gemeinde in Halle keinen auffälligen Risikopunkt dar. Lauder sagte damals kurz vor seiner Abreise in die USA: »Worte, Worte, Worte! Was wir brauchen, sind Taten.«

Wenn den Worten endlich Taten folgen sollen, dann heißt das, der Staat muss sicherheitspolitisch wie rechtlich gegen Antisemiten und Rassisten vorgehen. Der wehrhafte Staat muss Handlungsfähigkeit unter Beweis stellen, jeden Tag aufs Neue. Der wehrhafte Staat muss Gewalt von rechts wie von links wie aus der Mitte mit aller Härte verfolgen.

Der wehrhafte Staat hat die Aufgabe, seine Bürgerinnen und Bürger zu schützen. Mit nicht nachlassender Aufmerksamkeit hat er auf die Angehörigen seiner Minderheiten zu achten, denn sie sind Teil von uns. Das Unheil, das ihnen geschieht, widerfährt uns allen.

Der Rechtsanwalt und Schriftsteller Ferdinand von Schirach hat 2018 geschrieben: »*Wenn wir heute Minderheiten nicht schützen – ganz gleich, ob es Juden, Migranten, Asylbewerber, Homosexuelle oder andere sind –, fallen wir wieder zurück ins Dunkle und Dumpfe. (...) Auch wenn wir die größte Abneigung haben, uns mit den heutigen Rohheiten zu befassen – es bleibt uns nichts anderes übrig. Nur wir selbst können uns der Barbarei, dem Speien und Wüten entgegenstellen.*« Der wehrhafte Staat, das sind wir alle, das ist jeder von uns.

5. Antisemitismus gibt es seit 2000 Jahren. Das Internet verschafft ihm eine neue Plattform mit höchst gefährlicher Wirkung. Er verbreitet sich von Minute zu Minute weiter. Für die Mörder von Halle und Hanau war das Netz ihr gedanklicher Rekrutierungsraum, ihr Tatwerkzeug. Hier haben sie sich weltweit vernetzt. Hier haben sie ihre Taten dokumentiert. Hier suchten sie sich die Bestätigung für ihre späteren Taten. Die Verbreitung judenfeindlichen und rassistischen Gedankenguts ist damit grenzenlos geworden. Rechtsextreme, Islamisten und Millionen von Alltagsantisemiten haben das Potenzial, andere zu vernichten.

Die Cyberwelt ist der neue, schier unendliche Verbreitungsraum jahrhundertealter antisemitischer Propaganda. Ein professioneller Blick in die virtuelle Welt lässt uns erkennen, dass es so etwas wie einen Dialog zwischen Neonazis und islamistischen Gewalttätern gibt. All das hat eine Hemmungslosigkeit, eine Schamlosigkeit und eine Brutalität erreicht, die unsere Fantasie übersteigt. Dabei verbirgt sich dieser Onlinehass nicht in irgendwelchen virtuellen Dunkelkammern, sondern ist für jeden mit ein paar wenigen Klicks erreichbar, auch für Kinder und Jugendliche, die über wenig Wissen und damit ein mangelhaftes Urteilsvermögen verfügen. Wer wenig bis nichts über den Holocaust weiß, über die Juden und ihre Geschichte, ist Hassparolen und Verschwörungstheorien in besonderer Weise ausgesetzt.

Die CEOs der mächtigen sozialen Netzwerke Facebook, Twitter und YouTube haben diese Entwicklung aus purem Gewinnstreben befördert. Unter Druck beginnen sie, allmählich umzudenken. Ich unterstelle, weniger aus eigener Überzeugung, sondern auf Druck milliardenstarker Werbepartner, wie zum Beispiel Unilever oder Coca-Cola. Dieser Druck muss aufrechterhalten bleiben oder verstärkt werden.

Noch wichtiger ist jedoch der Blick auf die Kompetenz der Ermittler. Auch wenn sich schon manches verbessert hat und ihre Zahl erhöht worden ist – der Durchblick der Sicherheitsbehörden im Netz ist mangelhaft. Trotz vieler Anstrengungen erkennen sie noch viel zu selten, was sich da zusammenbraut, um anschließend im realen Leben vom Wort zur Tat zu schreiten. Die Sicherheitsbehörden halten, wie ihre Vertreter selbst zugeben, mit der Entwicklung im Internet nur schwer Schritt. Wer in den Sicherheitsdiensten tätig ist, hat oft nicht den geschulten Blick des Internetexperten, den man braucht, um Spuren im Netz zu verfolgen. Dazu bedarf es ausgewiesener Fachleute aus der virtuellen Welt. Die gilt es herauszukaufen aus anderen Tätigkeitsfeldern. Angesichts der Dimension der Aufgabe wäre es unverantwortlich, hier an der falschen Stelle zu sparen.

Reißt das Internet dort auf, wo die Hassprediger ihr menschenverachtendes Unwesen treiben! Die Demokratie verträgt keinen rechtsfreien Raum, auch wenn dieser virtuell ist.

6. Das Internet ist die Welt, in der sich besonders junge Menschen bewegen. Im World Wide Web begegnen sie gegen ihren Willen Judenfeindlichkeit und anderen Rassismen, ohne dass sie sich dagegen wehren könnten. Die jungen Leute werden nicht in der Tiefe des Netzes, sondern schon an seiner Oberfläche mit Hatespeech, Verschwörungstheorien und Morddrohungen konfrontiert. Gerade bei Jugendlichen ohne festes Wertefundament und ohne historische Bildung führt dies zu Verunsicherung und Verwirrung. Nicht selten begegnet man in dieser Altersgruppe den kruden Botschaften aus dem Netz sogar mit einer gewissen Aufgeschlossenheit. Es ist Gefahr im Verzug. Die Situation ist gefährlicher, als wir denken – und sie lässt sich belegen. Viele junge Deutsche haben keine oder kaum Ahnung von der systematischen Vernichtung der Juden durch die Nationalsozialisten.

Genau diesen alarmierenden Bildungsnotstand beim Thema Antisemitismus und Judentum meint Ronald Lauder, wenn er anlässlich seines Besuches nach dem Anschlag von Halle sagt: »*Erstaunlicherweise kommt der Hass von jungen Menschen, die nicht wissen, was hier vor achtzig Jahren geschah. Die dritte Generation ist ahnungslos, nicht nur in Deutschland, sondern überall. Das müssen wir ändern.*«

Was muss geschehen? Der Antisemitismus ist zuallererst in der Schule zu bekämpfen. Systematisch und nicht zufällig oder nach Tagesform der Lehrkräfte. Es bedarf vielmehr einer kraftvollen Anstrengung von zuständigen Ministern, Schulleitern, Lehrern, Eltern und Schülern. Was bisher geschah, ist nicht nichts, aber es ist seltsam blass und damit wirkungslos geblieben. Das bestätigen mir Ministerialbeamte und Lehrkräfte. Es kann sich nur etwas ändern, wenn sich unser Bewusstsein ändert, um das Bewusstsein junger Frauen und Männer zu schärfen. Es ist eine Pflicht von Lehrerinnen und Lehrern, ja es muss noch mehr ihre Überzeugung sein, nicht jüdische Jugendliche, auch und gerade Migranten, mit Geschichte und Kultur des Judentums vertraut zu machen, ebenso mit der Schoah und dem Nationalsozialismus. Für diese immense Aufgabe sind Lehrerinnen und Lehrer vorzubereiten und fortzubilden.

Die Zahl jüdischer Eltern wächst, die ihren Töchtern und Söhnen den täglichen Antisemitismus nicht mehr länger zumuten wollen und sie zum Schulbesuch nach Israel schicken. Das kann so nicht mehr weitergehen. Wir können nicht wieder nur warten und so tun, als sei die Lage ja gar nicht so schlimm. Etwas tun heißt, dass schulische Akteure die volle Verantwortung übernehmen, Antisemitismus entschlossen zu bekämpfen. Dazu braucht man keine neuen Projektgruppen, sondern Strategien, die auf lange Sicht wirken. Wir brauchen sie jetzt. Und wir brauchen Motivation. Mehr als bisher.

7. Achtzig Jahre sind vergangen, seit Millionen Juden von den Naziterroristen ermordet wurden. In den zurückliegenden Jahren und Jahrzehnten haben Zeitzeugen, die die Hölle der Konzentrations- und Vernichtungslager überlebt haben, von ihren Erlebnissen berichtet und damit vor allem viele junge Menschen erreicht. Wer die Erzählungen der Überlebenden gehört hat, den lassen sie nicht mehr los. Die meisten Zeitzeugen sind inzwischen gestorben. Nur noch wenige sind

am Leben. Viele von ihnen plagt die Sorge, dass nach ihrem Tod Kräfte Auftrieb erhalten, die das Verbrechen leugnen. Viele von ihnen haben daher ihre Erlebnisse in langen, kraftraubenden Gesprächen aufgezeichnet. Es ist ein Wettlauf mit der Zeit, diese Zeugnisse zu dokumentieren und für nachfolgende Generationen festzuhalten. Dabei haben die Medien eine große Verantwortung. Aus eigener Erfahrung weiß ich, dass hier auch schon viel geschieht – gerade in den öffentlich-rechtlichen Sendern. Aber es kann noch mehr getan werden. Die Zeit drängt wirklich.

Eine Frage stellt sich für mich vor vielen anderen: Wird sich das kollektive Gedächtnis verändern, wenn nur noch die Möglichkeit besteht, digital mit den Zeitzeugen in Kontakt zu treten? Werden wir feststellen, dass man den direkten Austausch mit Überlebenden des Holocaust nicht ersetzen kann? Es wird in jedem Fall weitergehen müssen – ohne Erinnerungslücke, über den Tod der Zeugen hinaus. Es ist ein großes Wort, aber mir fällt kein anderes ein: Es bedarf jetzt eines neuen gewaltigen Aufbruchs der Erinnerungsarbeit. Es bedarf neuer Formen des Erinnerns. Die digitale Welt, die den Antisemiten und Rassisten eine Plattform ohne Grenzen bietet, kann gleichzeitig vielen Kräften ein Forum bieten, die sich in einer neuen Anstrengung versammeln sollten, um die Erzählungen der Verstorbenen weiterzutragen. Es gibt bereits unzählige Initiativen des Erinnerns. Doch erst, wenn sie sich vernetzen, zusammenschließen und sich austauschen, werden aus den gut gemeinten Absichten gute Taten, die verhindern können, dass sich Geschichte wiederholt.

Es ist beispielsweise die Aufgabe unserer Lehrerinnen und Lehrer, ihre Schüler damit vertraut zu machen, dass in der Gedenkstätte Yad Vashem Informationen über viereinhalb der sechs Millionen Holocaustopfer in einer Datenbank gesammelt sind. Wenn man sich dort mit seinem Namen und dem Herkunftsland anmeldet, kann man die Geschichte eines Opfers mit entsprechendem Bildmaterial auf Facebook oder Twitter teilen. Oft ist Erinnerungsarbeit gar nicht so schwer. Mit einem Klick gegen das Vergessen. Man muss es ihnen nur sagen.

Eva Fahidi, die ungarische Jüdin, die 59 Jahre lang über ihre Qualen im Vernichtungslager Auschwitz nicht sprechen konnte und dann begann, von ihren Erlebnissen vor allem in Schulen zu erzählen, sagt: »*Die Zeit danach (wenn alle Zeitzeugen gestorben sind) könnte eine neue Art der Erinnerungskultur einläuten, in der alle Menschen erkennen, dass sie sich daran beteiligen müssen.*«

8. Es ist an der Zeit, dass Medienleute ihre Fragen zum Themendreieck Juden, Antisemitismus und Israel mit mehr Wissen ausstatten.

Während deutsche Journalisten beim Holocaust durchaus über belastbares Grundwissen verfügen, sind die Wissenslücken enorm, wenn es um die Geschichte des Judentums oder Israels geht. Dies lässt sich ändern, wenn in den Chefetagen der Medienhäuser bei der Auswahl von Nachwuchsjournalisten auf größere Kompetenz bei diesen Themen geachtet wird. Israel ist das Land mit den – bezogen auf seine Größe – meisten Korrespondenten aus aller Welt. Die Zahl der dorthin entsandten Journalisten ist jedoch kein Garant der Vielfalt in der Berichterstattung.

Das Gegenteil ist der Fall. Das Bild, das sie von Israel zeichnen, ist einförmig kritisch und folgt lange gehegten Vorurteilen – propalästinensisch und antiisraelisch –, ohne erkennbaren Willen zur Differenzierung. Das einseitige Bild, das von der Mehrheit der Medien über einen Zeitraum von vielen Jahren gezeichnet wurde, zeigt längst Wirkung in der öffentlichen Meinung weltweit. Die Schlacht um die Wahrheit war für Israel bisher nicht zu gewinnen. Wie so oft im Journalismus, so ist es auch in der Berichterstattung über Israel: Teilwahrheiten und Falschinformationen werden Tag für Tag verbreitet und machen Israel zu einem Apartheidstaat, der Palästinenserkinder ermordet – so wie der Nazistaat Juden ermordet hat.

Warum die meisten Medien, auch viele in Deutschland, offensichtlich so befangen sind, ist schwer zu sagen. Über Jahrzehnte gepflegte Denkmuster zeigen Wirkung. Die im Journalismus mehr als in allen anderen Berufssparten ausgeprägte Gepflogenheit, lieber im Mainstream dabei zu sein als mit einer abweichenden Haltung aufzufallen, mag als weitere plausible Erklärung taugen. Es ist von größter Dringlichkeit, dass sich Journalisten in aller Welt, aber auch und gerade deutsche Journalisten, dem Thema Israel endlich mit der gebotenen

Objektivität nähern. Das Prinzip ist ziemlich einfach, es muss nur danach gearbeitet werden: Audiatur et altera pars. – Man höre auch die andere Seite.

Dabei sei an dieser Stelle noch einmal gesagt: Kritik an der Politik Israels, etwa an der Siedlungspolitik, an seinen Politikern, an der Verhältnismäßigkeit des Einsatzes militärischer Mittel, ist selbstverständlich, nicht antizionistisch und auch nicht antisemitisch.

9. Deutsche Politiker stehen in ihrer großen Mehrheit an der Seite Israels und der Juden. Dies tun sie auch dann, wenn sie in bestimmten Fragen die Regierung in Jerusalem kritisieren. Das wird dort mitunter missverstanden, wofür es jedoch in den meisten Fällen überhaupt keinen Grund gibt.

Die öffentlichen Bekenntnisse von deutschen Kanzlern, Außenministern, Partei- und Fraktionschefs zu Israel werden jetzt und in Zukunft jedoch auf die Probe gestellt werden. Wie ernst ist ihre Solidarität mit dem Staat der Juden wirklich gemeint? Was tun sie eigentlich dagegen, wenn fast ein Dreivierteljahrhundert, nachdem die Völkergemeinschaft im Jahr 1947 den Staat Israel beschlossen hatte, ernst zu nehmende Forderungen nach seinem Ende immer lauter und immer häufiger zu hören sind? Unserem politischen Spitzenpersonal kann man, nein muss man abverlangen, dass es diese heraufziehende Gefahr erkennt und etwas dagegen tut: Antizionismus wird immer radikaler, immer selbstverständlicher, ja geradezu schick in den Salons der pseudopolitischen Schickeria in der Hauptstadt Berlin.

Alvin H. Rosenfeld, Professor für die Erforschung des zeitgenössischen Antisemitismus, sieht im neuen Antizionismus immer öfter den Versuch einer »*Delegitimierung, die letztendlich auf die Auflösung Israels als souveräner jüdischer Staat zielt und für einige gar die Aufhebung des Begriffs von einem jüdischen Volk beinhaltet*«. Mir fehlen der geschärfte Blick auf das Problem, Aufklärung und klare Gegenposition aus deutschem politischem Munde.

Wie man in dieser Frage Haltung zeigt und unzweideutig formuliert, demonstriert der ehemalige kanadische Premierminister Stephen Harper, der den Antizionismus als Tarnbegriff entlarvte und feststellte, er sei »*das Gesicht des neuen Antisemitismus. Er richtet sich gegen das jüdische Volk, indem er auf Israel zielt und versucht, den alten Fanatismus für eine neue Generation akzeptabel zu machen.*«

Papst Franziskus hat schon 2015 auf diese neue, höchst beunruhigende Entwicklung hingewiesen, als er sagte: »*Juden anzugreifen ist Antisemitismus, aber ein offener Angriff auf den Staat Israel ist auch Antisemitismus.*«

10. Der Antisemitismus in Deutschland muss zu einem mächtigen Thema werden – gemacht werden. Gut gemeinte Projektgruppen sind gut, aber nicht wirkungsvoll genug. Es bedarf besonderer Anlässe, auf die die Welt blickt. Antisemitismuskonferenzen, wie 2016 in Deutschland, sind eine starke Sache. Sie sind Anlass für internationale Berichterstattung und schaffen Bewusstsein im In- und im Ausland. Ich finde, Deutschland steht hier in der Pflicht.

Einem Land, das Jahr für Jahr die Münchner Sicherheitskonferenz mit enormer globaler Resonanz austrägt, stände es gut zu Gesicht, die Welt regelmäßig jedes Jahr zu einer Antisemitismuskonferenz einzuladen. Welch ein Signal wäre das!

Ich weiß, es gibt gute, durchdachte Aktionspläne zuhauf gegen den sich ausbreitenden Antisemitismus. Es gibt sie in Berlin, es gibt sie in Brüssel – aber Papier ist eben wie so oft auch hier geduldig. Und die Zeit läuft uns davon.

Jährlich wiederkehrende Anlässe könnten ein spannendes Forum für den wissenschaftlichen Austausch sein. In der aufgeheizten Welt des Internets, der Hassmails und der Verschwörungsfantasien, wie sie uns in der Corona-Krise mit voller Wucht entgegenschlagen, ist das Urteil der Wissenschaften wichtiger denn je.

Die bereits mehrfach zitierte Monika Schwarz-Friesel hat ihrer eindrucksvollen Untersuchung *Judenhass im Internet* eine Einleitung unter der Überschrift *Warum Antisemitismusbekämpfung die Antisemitismusforschung braucht* vorangestellt. Dort heißt es: »*Im Zeitalter der alternativen Fakten ist es wichtiger denn je, dass (…) wissenschaftliche Expertise in das verwirrende Wirrwarr klare Wahrheiten, in die Ignoranz Kompetenz und Kenntnis einbringt.*«

Die Wahrheitssucher aus der Wissenschaft brauchen noch mehr Öffentlichkeit, brauchen ein Forum, sollten ihre Stimme erheben auf einer jährlich stattfindenden Antisemitismuskonferenz in Deutschland. Das ist kein Traum, sondern ein Plan, der sich sofort umsetzen lässt, wenn man es nur will. Handeln statt reden.

NOCH NICHT ALLES

Ich konnte nicht ahnen, dass während der Arbeit an diesem Buch etwas geschehen würde, was dem Thema Antisemitismus eine ganz neue Dringlichkeit verleihen sollte. Auf unerwartet heftige und gleichzeitig erschreckende Weise war in den zurückliegenden Monaten festzustellen, wie das Coronavirus auf einmal unselige Gesellschaft vom Virus der Judenfeindschaft bekam. Während vieler Anti-Corona-Demonstrationen in Deutschland brach sich antijüdische Stimmungsmache bei einer wachsenden Zahl von dort Versammelten in lange nicht erlebter Radikalität Bahn. Es ist, wie man es schon oft in der Geschichte erlebt hat: Antisemitische Verschwörungstheoretiker erklären nicht mehr durchschaubare, komplexe, bedrohliche oder bedrohlich wirkende Erscheinungen und Entwicklungen mit bösen Machenschaften einer mysteriösen Elite. Diese Theorien können noch so absurd sein, sie finden immer mehr Anhänger.

Die Anti-Corona-Demonstrationen haben die Hetze vom Netz auf die Straße verlagert. Dies herausgearbeitet zu haben, ist das besondere Verdienst der Recherche- und Informationsstelle Antisemitismus (RIAS). Deren bayerische Dependance hat registriert, wie Anti-Corona-Demonstranten Schilder mit der Aufschrift in die Höhe hielten: *Ausgangsbeschränkungen sind sozialer Holocaust.* Bei anderer Gelegenheit wurde beobachtet, wie manche Corona-Gegner einen gelben Stern ähnlich dem Judenstern aus der Nazizeit mit der Aufschrift *Ungeimpft* trugen.

RIAS Bayern hat viele solcher beunruhigenden Beispiele gesammelt. So setzte am 9. Mai 2020 ein Demonstrant in München die aktuelle Lage mit 1933, dem Jahr der Machtübergabe an die Nationalsozialisten, gleich. Am

2. Mai 2020 wurde auf einem Schild ein Impfstoff gegen Covid-19 als *Endlösung der Corona-Frage* bezeichnet und somit die Schoah verharmlost. Ebenfalls am 9. Mai 2020 war auf einer Demonstration in München eine Fotomontage zu sehen, auf der Menschen von Uniformierten *zwangsgeimpft* werden. Ihr Emblem mit der Inschrift ZION ist an einen Davidstern angelehnt.

Die genannten Beispiele sind, jedes für sich, bereits schlimm genug. Was einen jedoch mit besonderer Sorge erfüllen muss, ist die Normalität, mit der diese Antisemitismen unser gesellschaftliches Leben nahezu widerstandslos durchdringen. So ist mir nicht zu Ohren gekommen, dass die antijüdischen Verschwörungstheoretiker von anderen Demonstranten zur Rede gestellt worden wären. Auch ist mir nicht aufgefallen, dass – von einigen Ausnahmen abgesehen – in unseren Medien diese besorgniserregenden Vorfälle eine herausragende Rolle gespielt hätten. Dabei hätte es genügend Aspekte gegeben, dem Phänomen dieser antijüdischen Reflexe bei den Anti-Corona-Demonstranten auf den Grund zu gehen. So würde man in solchen Berichten, hätte es sie denn in ausreichendem Maße gegeben, vermutlich festgestellt haben, dass der Corona-Antisemitismus nicht nur von Rechtsextremen oder Islamisten auf die Straße gebracht wird, sondern immer mehr auch Bürgerinnen und Bürger aus der Mitte der Gesellschaft von diesem Gedankengut befallen sind.

So verschieben sich Tag für Tag die Grenzen weiter. Was vor ein paar Jahren noch Empörung hervorgerufen hätte, lässt heute die große Mehrheit der Deutschen kalt. Der Verdacht ist nicht von der Hand zu weisen, dass es eine immer größer werdende Gruppe von Menschen in Deutschland gibt, deren Desinteresse und Passivität angesichts wachsender Bedrohung von Jüdinnen und Juden damit zu erklären ist, dass sie klammheimliche Sympathie für die ver-rückten Behauptungen der Verschwörer empfinden.

Corona brachte antisemitisches Gedankengut aufs Neue ans Licht. Antisemiten haben die Corona-Krise als Gunst der Stunde genutzt, um ihre judenfeindlichen Verschwörungstheorien zu verbreiten. Damit steht Deutschland nicht allein, wohl wahr, wir beobachten diese Entwicklung weltweit. Nur macht das die Sache für unser Land nur noch schlimmer. Wenn wir nämlich neben den Hetzern auf der Straße auch die Hetzer im

Netz in den Blick nehmen, stellen wir belegbar fest, dass Deutschland hinter den Vereinigten Staaten und Frankreich Platz 3 bei antisemitischen Äußerungen im Zusammenhang mit der Covid-19-Pandemie im Netz belegt. Ich frage mich, wie es um ein Land bestellt sein muss, dessen Mehrheit angesichts eines solch blamablen Rankings noch immer schweigt. Da wird von jüdischen Gewinnen aus der Entwicklung eines Impfstoffes geredet, von jüdischen Versuchen, die Weltbevölkerung zu reduzieren, von der Übernahme der Weltwirtschaft durch die Juden ...

Die Reihe solcher Desinformationen aus den zurückliegenden Monaten ließe sich noch lange fortsetzen. Richtig ist, dass es in der Geschichte durchaus Vorläufer der aktuellen Entwicklung gibt. Bereits zu Zeiten der Pest hatte man den Juden vorgeworfen, sie hätten diese Krankheit durch Brunnenvergiftungen verursacht. Dies ist jedoch kein Grund, die antijüdischen Umtriebe der jüngsten Zeit zu relativieren oder gar zu entdramatisieren. Im Gegenteil: Die digitale neue Welt schafft den Antisemiten Zugangs- und Verbreitungswege, wie es sie noch nie in der Geschichte gegeben hat.

»Jetzt hört doch auf! Nicht schon wieder! Es ist genug! Wir können es nicht mehr hören!« So tönt es dumpf und abwehrbereit nicht nur aus der engen Welt der Stammtische, sondern auch aus dem vermeintlich aufgeklärten Kosmos akademischer Zirkel. Eine unselige, übel riechende Mischung macht sich in Deutschland breit: Sie kommt aus der Nazivergangenheit unseres Landes und setzt sich zusammen aus voranschreitender Schuld- und Erinnerungsabwehr sowie einer immer weiter um sich greifenden Verdrängung eines Gefühls der Verantwortung für die Verbrechen der Nationalsozialisten. Da trifft es sich wahrlich schlecht, wenn sich eben diese Kräfte durch Aussagen von Politikerinnen und Politikern der AfD bestärkt fühlen müssen. Unter Hitler war der Antisemitismus Staatsideologie. Heute ist es genau umgekehrt: Die Feinde der Juden kommen von unten, aus der Mitte, von rechts außen und links außen. Sie sind Teil des öffentlichen Diskurses geworden. Dass sie dort auf wachsende Akzeptanz stoßen, hat aus meiner Sicht maßgeblich mit der AfD zu tun.

Was Deutschland und seinen Minderheiten in Zukunft drohen kann, zeigt der jüngste Verfassungsschutzbericht mit seinem beängstigenden rechtsextremen Personenpotenzial. Die Zahlen sind alarmierend: über

32 000 Rechtsextreme, 13 000 davon gewaltbereit. Dies ist absoluter Höchststand und die größte Bedrohung für die Sicherheit in unserem Land, so der aufrüttelnde Befund der Bundesregierung. Danach haben auch antisemitische Gewalttaten deutlich zugenommen – 94 Prozent der Taten wurden von Rechtsextremisten begangen oder ihnen zumindest zugeordnet.

Was Deutschland und seinen Minderheiten drohen kann, zeigt die Verfolgung und Beleidigung eines Rabbiners durch mehrere offenbar arabischstämmige Männer in München. Dieses Beispiel macht jedoch auch deutlich, dass sich die Bedrohung neben dem Rechtsextremismus noch aus vielen anderen Quellen speist.

Weil das und noch viel mehr den Juden unter uns, den Türken unter uns, den Syrern unter uns, den vermeintlich Fremden unter uns passiert, und weil es von Tag zu Tag schlimmer wird, müssen wir so aufpassen. Ganz genau hinschauen. Uns wappnen. Auf die ersten kleinen Anzeichen von Judenfeindschaft und Hohn und Spott und Beleidigung achten. Es ist an uns, die Sinne zu schärfen und ein feines, ein untrügliches Gespür dafür zu entwickeln, wo die Schamlosigkeit und die Ungehörigkeit beginnen und wie sie sich in Beleidigung, Aufhetzung und Verfolgung verwandeln. Wir erleben eine Enttabuisierung antisemitischer Äußerungen hin zu hemmungsloser Selbstverständlichkeit. Daher müssen wir den »Nicht schon wieder«-Rufern ein entschiedenes »Jetzt erst recht!« entgegensetzen.

Wie das gemeint ist, hat der Historiker Michael Brenner in einem *Spiegel*-Essay treffend zum Ausdruck gebracht. Für Deutschland habe ein Wiederaufleben des Antisemitismus eine andere Qualität als für andere Länder Europas oder für die USA, sagt Brenner. Diese historische Verantwortung bedeute, nicht nur das Geschehene in Erinnerung zu behalten, sondern auch *»jegliche neue Hetze in irgendeiner Form und gegenüber irgendeiner Minderheit – Juden, Muslime, Ausländer – im Keime zu ersticken«.*

Natürlich hat dies alles auch mit dem Erstarken der AfD zu tun, mit ihrer Radikalität im Sprachgebrauch, mit dem Tabubruch, den diese Partei offen auf den politischen Bühnen der Parlamente auslebt. Die AfD trägt durch die Stimmungsmache ihrer braunen Protagonisten dazu bei, dass sich Rechtsradikale zu Wort und Tat ermutigt fühlen. Es ist daher so wichtig, jeden Schritt der AfD-Politiker sorgfältig zu beobachten – auch durch den Verfassungsschutz.

Ich fürchte, das war noch nicht alles! Überwinden wir daher endlich diese elende Gleichgültigkeit der schweigenden Mehrheit! Versammeln wir uns zu einem Aufschrei, der nicht zu überhören ist und der Wirkung zeigt! Zeigen wir Nulltoleranz gegenüber den Intoleranten! Geben wir Menschen jüdischen Glaubens das Gefühl, dass sie sich sicher fühlen können im Land der NS-Mörder. Und tun wir alles, dass sie auch wirklich sicher sind!

Wir leben in einem wunderbaren Land, um das uns die Welt beneidet. Aber es fehlt vielen von uns an Empathie und an Mut. Wir schauen weg, wenn man Jagd macht auf Juden, auf Ausländer, auf »Fremde«, die anders aussehen. In einem solchen Land fühle ich mich nicht wohl. Es reicht!

LITERATURANGABEN

Bauer, Yehuda: Der islamische Antisemitismus, Berlin 2018

Brumlik, Micha: Antisemitismus, Ditzingen 2020

Frister, Roman: Die Mütze oder Der Preis des Lebens. Ein Lebensbericht, München 1998

Gauck, Joachim: Toleranz, Freiburg 2019

Hafner, Georg M./Schapira, Esther: Israel ist an allem schuld, Köln 2015

Haury, Thomas: Antisemitismus von links, Berlin 2002

Heilbronn, Christian/Rabinovici, Doron/Sznaider, Natan (Hg.): Neuer Antisemitismus. Fortsetzung einer globalen Debatte, Berlin 2019

Horvilleur, Delphine: Überlegungen zur Frage des Antisemitismus, Berlin 2020

Levi, Primo: Ist das ein Mensch?, 6. Aufl., München 2016

Mannheimer, Max: Spätes Tagebuch, München 2010

Moravia, Alberto: Die Gleichgültigen, Hamburg 2015

Poliakov, Léon: Vom Antizionismus zum Antisemitismus, 2. Aufl., Freiburg 2018

Salzborn, Samuel: Antisemitismus als negative Leitidee der Moderne, Frankfurt/New York 2010

Schwarz-Friesel, Monika/Friesel, Evyatar/Reinharz, Jehuda (Hg.): Aktueller Antisemitismus – ein Phänomen der Mitte, Berlin 2010

Schwarz-Friesel, Monika/Reinharz, Jehuda: Die Sprache der Judenfeindlichkeit im 21. Jahrhundert. Europäisch-Jüdische Studien, Bd. 7, Berlin 2017

Schwarz-Friesel, Monika: Judenhass im Internet. Antisemitismus als kulturelle Konstante und kollektives Gefühl, Berlin 2019

Schwerdt, Otto/Schwerdt-Schneller, Mascha: Als Gott und die Welt schliefen, Viechtach 1998

Steiner, George: In Blaubarts Burg. Anmerkungen zur Neudefinition der Kultur, Berlin 2014

Steiner, George: Ein langer Samstag, Hamburg 2016

DANKSAGUNG

Das mit dem Dank ist so eine Sache. Mit wem fängt man an, mit wem hört man auf? Es sind so viele, die einem die Augen geöffnet und den Blick geschärft, voller Eindringlichkeit von ihren Sorgen und Ängsten berichtet haben.

Stellvertretend will ich Charlotte Knobloch, Rachel Salamander und Josef Schuster hervorheben. Von besonderer Qualität war für mich der Dialog mit Stefan Meining, dessen sachkundige Begleitung für mich ungeheuer wertvoll war.

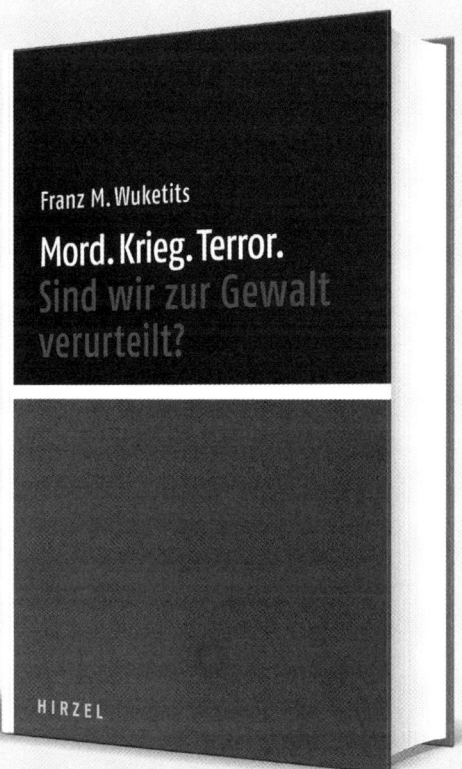